JOHANNES REIMER

Gottes Herz
für deine Stadt

JOHANNES REIMER

Gottes Herz
für deine Stadt

Ideen und Strategien für Gemeinde in der Stadt

Verlag | Alles, was Sinn macht!

Bibliografische Information der Deutschen Nationalbibliothek
Die Deutsche Nationalbibliothek verzeichnet diese Publikation in der
Deutschen Nationalbibliografie; detaillierte bibliografische Daten
sind im Internet über http://dnb.d-nb.de abrufbar.

ISBN 978-3-96140-035-5
© 2018 by Joh. Brendow & Sohn Verlag GmbH, Moers
Einbandgestaltung: Brendow Verlag, Moers
Titelfoto: fotolia eve
Satz: Brendow Web & Print, Moers
Druck und Bindung: CPI – Clausen & Bosse, Leck
Printed in Germany
www.brendow-verlag.de

Inhalt

TEIL 2
Praxis des Gemeindeaufbaus in der Stadt

Kapitel 5
Gemeinde für die Stadt bauen 85

Vorwort

Im Juli 2008 wurde ich von der südafrikanischen Gesellschaft für urbane Mission eingeladen, im Rahmen ihres Jahreskongresses eine Serie von Vorträgen zum Thema Mission und Gemeindebau in urbanen Räumen zu halten. Die Konferenz fand in dem alten Feuerwehrgebäude der Stadt Pretoria statt, oder wie man sie heute nennt: Tswane. Es war Winter, und die versammelten Teilnehmer aus Südafrika und den benachbarten afrikanischen Ländern froren erbärmlich. Jeder Versuch, gegen die dicken Betonwände des Feuerwehrgebäudes anzugehen, die die ganze Kälte des südafrikanischen Winters in sich gespeichert zu haben schienen, scheiterte kläglich.

„Das ist ein Bild für unsere Mission in den afrikanischen Großstädten", sagte einer der Teilnehmer. „Je mehr wir uns darum bemühen, das Licht und die Wärme der Liebe Gottes in die Stadt zu bringen, desto kälter scheint es in der Stadt zu werden."

Aus diesen Worten sprachen viel Frustration und Hoffnungslosigkeit. Ich war nicht der einzige Teilnehmer aus Europa, der den weiten Weg nach Südafrika auf sich genommen hatte. Wir trafen uns immer wieder als Europäer und versuchten, das Gehörte auf unsere Städte in Europa zu beziehen. Und bald wurde deutlich: Die Frustration des afrikanischen Gemeindebauers könnte man genau so auch in den Mund eines Europäers legen. Christlicher Gemeindebau in den Städten dieser Welt ist zu einer schwierigen Übung geworden. Die Urbaniten, wie man die Stadtbevölkerung nennt, lassen sich offensichtlich nicht so einfach einladen, ein Leben in der Gemeinschaft einer christlichen Kirche zu führen. Christen überall in der Welt äußern mehr Frustration als Freude über die Stadt und ihren Versuch, Gemeinde in der Stadt zu bauen. Der berühmte amerikanische Evangelist Dwight L. Moody brachte es für viele andere auf den Punkt: „The city is no place for me" (Die Stadt ist kein Platz für mich).[1] Und der bekannte amerikanische Theologe und Stadtkenner Conn beschreibt, wie ihn einmal eine

---

[1] H. Conn: *A clarified Vision for Urban Mission.* (Grand Rapids: Ministry Resource Library, 1987), 162.

Frau nach dem Gottesdienst grüßte und meinte: „Wissen Sie, dass Sie Gott auf dem Lande näher sind?"[2]

Mit diesem Buch habe ich mir die Aufgabe gestellt, die Probleme des Gemeindebaus in der Stadt zu reflektieren. Es gilt zu verstehen, warum Mission und Evangelisation in urbanen Räumen zu einer so schwierigen Aufgabe geworden sind. Und es gilt, nach möglichen Lösungen zu suchen. „Das Christentum ist allem anderen voran ein Weg des Sehens", schreibt der amerikanische Theologe Robert Barron.[3] Wir wollen sehen, ob uns Gottes Geist nicht jene Sicht schenken wird, die Frustration in Begeisterung, Hoffnungslosigkeit in eine neue Leidenschaft und Hilflosigkeit in Sachen urbaner Gemeindearbeit in Kreativität verwandeln kann. Gelänge es mir, so wäre die Aufgabe erfüllt. Denn schließlich ist es ja Gott selbst, der seine Gemeinde baut, nicht wir. Dietrich Bonhoeffers Worte erinnern uns daran, worauf es ankommt. Er schreibt: „Kein Mensch baut die Kirche, sondern Christus allein. Wer die Kirche bauen will, ist gewiss schon am Werk der Zerstörung; denn er wird einen Götzentempel bauen, ohne es zu wollen und zu wissen. Wir sollen bekennen – ER baut. Wir sollen verkündigen – ER baut. Wir sollen zu ihm beten – ER baut."[4] Wir Menschen bauen nur mit. Alles, was wir können, ist Augen und Ohren offen halten und von IHM lernen.

Nein, in diesem Buch will ich keine Anleitung zum Gemeindebau geben. Es ist weniger ein „How-to-do"-Buch. Ich will vielmehr zum Denken anregen. Veränderung setzt die Änderung des Denkens voraus, schreibt der Apostel Paulus (Röm. 12,1-2). Unsere Unzulänglichkeit ist in der Regel das Ergebnis eingerosteten Denkens. Wer lange genug in traditionellen Sichtweisen verweilt, wird bald für neue, innovative Wege blind. Diese Blindheit zu überwinden heißt am Ende, eine neue Welle kreativer Ansätze im Gemeindebau zu wagen. Genau das

---

2   Ebd., 9.
3   Robert Barron: *And Now I see ... A Theology of Transformation.* (New York: Crossroad Publishing Company, 1998),1.
4   Dietrich Bonhoeffer, *Gesammelte Schriften.* Band 4. (München: Kaiser Verlag, 1961), 134.

wünsche ich mir für meine Leser. Ich selbst habe immer wieder durch die Lektüre eines Buches oder eine Vorlesung Aha-Erlebnisse gehabt, die mich herausforderten, aber auch aus der Lethargie, aus der Unbeweglichkeit der eingefahrenen Situation, befreiten. Man kann auch sagen, Gott nutzte Bücher, um meinen Horizont zu erweitern. Ich hoffe, das tut ER auch durch dieses Buch.

Ich will zum Nachdenken über die Chancen und Möglichkeiten urbaner Gemeindearbeit anregen. Und ich tue das nicht nur als Theologe. Ich trage nicht aus der Bibliothek einer Fakultät für urbane Mission vor, auch wenn ich durch Hinweise auf entsprechende Literatur den Zuhörern einen Zugang zu der zurzeit geführten Diskussion ermöglichen möchte. Ich trage als betroffener Gemeindegründer und Gemeindepastor vor. Gemeindearbeit ist meine Leidenschaft. Was wäre meine theologische Arbeit wert, wenn da nicht die Herausforderung der praktischen Gemeindearbeit wäre? Dieses Buch ist in bewusster Reflexion der Praxis, und hier vor allem meiner eigenen Praxis, entstanden. Es atmet eine Theologie, die aus der Praxis kommt und in die Praxis führen will. Und so widme ich es auch allen jenen Gemeindemitarbeitern, die mit mir zusammen an Konzepten für Gemeindebau gearbeitet haben.

Johannes Reimer
Bergneustadt im Herbst 2017

Abkürzungen

FZG	–	Familien-Zentrierte Gemeinde
GWA	–	Gemeinwesenarbeit
GWM	–	Gemeinwesen-Mediation
HRD	–	Healing Rooms Deutschland
IVP	–	InterVarsity Press
LDLT	–	Lausanne Diasporas Leadership Team
LKWE	–	Lausanner Komitee für Weltevangelisation
LOP	–	Lausanner Occasional Paper
ÖRK	–	Ökumenischer Rat der Kirchen
PRN	–	Peace and Reconciliation Network
UGN	–	Urbanes Gemeindenetzwerk
WEA	–	Weltweite Evangelische Allianz
ZeV	–	Zyklus evangelistischer Verkündigung
ZGG	–	Zyklus gesellschaftstransformativer Gemeindearbeit

TEIL 1

Zur Theorie des Gemeindebaus in der Stadt

Kapitel 1

Gemeinden gründen, wo der Glaube stirbt

1.1. Sehnsuchtsort Stadt

Die Stadt – seit Urzeiten ist sie ein Ort menschlicher Sehnsucht. An keinem anderen Ort erhofft sich der Mensch so sehr, das Leben in die eigene Hand nehmen zu können. Und so strömten seit der Gründung der ersten uns bekannten Stadt Jericho vor 10 000 Jahren bis heute Millionen von Menschen in die rasant wachsenden Städte der Welt.[5] Sie verlassen ihre Dörfer, weil sie sich auf dem Land unsicher fühlen und oft nur wenig Chancen zum Überleben sehen.

John, ein junger Afrikaner, der gerade in Hamburg gelandet ist, erzählt:

„Ich bin in einem Dorf im östlichen Kongo geboren. Zusammen mit einigen jungen Leuten aus meinem Dorf gelang mir nach Jahren langer und gefährlicher Reise die Flucht nach Deutschland. Heute lebe ich hier in Hamburg in einer Flüchtlingsunterkunft. Nur noch wenige Alte leben in unserem Dorf. Die meisten Einwohner sind weg. Bei uns zu Hause wollen alle so schnell wie möglich in die Stadt. In der Stadt gibt es Arbeit, und man findet immer etwas zu essen. Im Vergleich mit dem Elend auf dem Land im Kongo ist jedes Leben in der Stadt ein Paradies. Sogar in den Slums von Kinshasa."

---

5   Siehe einen guten Überblick über die Entwicklung von Städten in: Tertius Chandler: *Four Thousand Years of Urban Growth. An Historical Census.* (Lewingston, NY: Edwin Mellen, 1987.)

So wie John geht es Millionen. Fast ein Drittel der Weltbevölkerung lebt bereits in Städten, und es werden immer mehr. Am Ende des 21. Jahrhunderts, so die Prognosen, werden drei Viertel der Weltbevölkerung in Städten wohnen. Die Erde wird zu einem urbanisierten Planeten.

Städte wachsen, weil Menschen in die Stadt fliehen. Während die klassische Landbevölkerung, z.B. in Afrika, hohe Geburtenraten vorweist, werden die Familien in der Stadt immer kleiner.[6] Es ist die wachsende Landbevölkerung, die für das Wachstum der Städte sorgt. Die Urbanisierung erweist sich somit als die effektivste Methode der Geburtenkontrolle.

Menschen suchen ihr Glück in der Stadt. Kommen sie dieser aber näher, so finden die meisten von ihnen zunächst bittere Armut und Elend. Viele von ihnen landen in den Elendsvierteln, Slums und Favelas, die Doug Saunders, kanadischer Journalist und Reisender, „Arrival Cities" nennt. Er hat 25 Slums auf fünf Kontinenten besucht und überrascht mit einer radikalen, weil positiven These. Sein Buch „Arrival City" weitet den Blick und zeigt auf, wie gerade die Landflüchtlinge heute die Zukunft so mancher Stadt bestimmen.[7] Denn sie sind es, die den Kampf ums Überleben aufnehmen und dabei nicht nur einen erstaunlichen Lebenswillen, sondern auch einen hohen Grad an Innovation aufweisen. In ihren „urbanen Dörfern" wird alles von dem einen Ziel getragen, so schnell wie möglich den Weg zum sozialen Aufstieg zu finden, koste es, was es wolle. Saunders spricht von den Ankunftsstädten als Hotspots urbaner Innovation.

Natürlich, jeder auch noch so geringe Aufstieg resultiert in der Transformation oder auch im Wechsel des sozialen Raumes. Und schafft

---

6   https://www.mpg.de/7085322/kinderzahl_stadt_land   (Letzter   Zugriff:
    1.09.2017). Siehe auch Geburtenraten im Ländervergleich. Je ländlicher die
    Bevölkerung, desto größer die Geburtenrate. http://www.laenderdaten.de/be-
    voelkerung/geburtenrate.aspx (letzter Zugriff: 1.09.2017).
7   Douglas Saunders: *Die neue Völkerwanderung: Arrival City.* (München: Pan-
    theon, 2013.)

man den Aufstieg in die besser betuchte Gesellschaft, so landet man heute in den sogenannten „gated communities", geschlossenen Wohnvierteln, in die man nur durch einen entsprechenden Ausweis hineinkommt. Diese Entwicklung nahm ihren Anfang in den USA[8] und ist heute in den meisten Ländern der Welt zu beobachten.[9] Der soziale und ökonomische Wohlstand sind gerade in der Stadt gefährdet, schließlich drängen Massen von Neuankömmlingen nach oben und beanspruchen den gleichen Stand auch für ihr eigenes Leben. Die Angst vor Kriminalität zwingt dem Erfolgreichen regelrecht ein Leben hinter hohen Mauern auf.[10]

Städte sind somit keine einheitlichen sozialen Räume. Sie zeichnen sich durch ständige Veränderung, Wachstum und Verfall und vor allem Ausdehnung aus. Die kompakte, ummauerte Stadt, wie sie noch im Mittelalter existierte, gibt es so nicht mehr. Heute dehnen sich die Städte weit ins Umland aus und bilden ein metropolitanes Gebiet, das in seinen Vororten immer wieder beides sein kann, sowohl Stadt als auch Dorf mit urbanem Charakter. In der Literatur spricht man von der Zwischenstadt.[11] Zeichneten sich Städte früher durch Urbanität aus, eine Haltung größerer Toleranz und Durchmischung der Bevölkerung, die die Lebensweise der Städter von der Landbevölkerung unterschied, so ist das Bild heute um ein Vielfaches differenzierter und komplexer. Die rasante Entwicklung dieser komplexen, sozialen Räume schürt seit der Mitte des letzten Jahrhunderts Angst vor dem Kollaps gesellschaftlicher Strukturen.[12] Muss man tatsächlich Angst vor der Stadt haben? Oder bietet diese Entwicklung eine Chance,

---

8   Edward J. Blakely; Mary Gail Snyder. *Fortress America. Gated Communities in the United States*, 2. Auflage. (Washington: Brooking Institution Press, 1999), 3 ff.
9   Jan Wehrheim: *Die überwachte Stadt – Sicherheit, Segregation und Ausgrenzung*. (Opladen: Leske + Budrich Verlag, 2002), 168 ff.
10 Ebd., 173 f.
11 Thomas Sieverts: *Zwischenstadt: Zwischen Ort und Welt, Raum und Zeit, Stadt und Land*. 3. Auflage. (Basel: Birkhäuser Verlag, 2008), 14.
12 Hanns Meenzen: Die große Sehnsucht nach der Stadt: Ist die Landflucht eine Gefahr für die Gesellschaft? In: *Zeit*, 8.09.1961. Digital in: http://www.zeit.de/1961/37/die-grosse-sehnsucht-nach-der-stadt (letzter Zugriff: 1.09.2017).

die wachsende Weltbevölkerung zu ernähren? Meinungen, ja sogar Untersuchungen dazu gehen weit auseinander. Und was bedeutet die Urbanisierung für die Entwicklung der christlichen Mission und den Gemeindebau? In diesem Buch gehen wir der Frage nach.

1.2. Die Kloake Sao Paulo und der Saustall in Berlin

Sao Paulo im Osten Brasiliens ist eine der größten Städte der Welt. 26 Millionen Menschen leben in dieser Stadt. Wie keine andere in der Region hat sie die verarmte Bevölkerung des Landes angezogen. Viele, sehr viele, haben in ihren überdimensionalen Fabriken Arbeit gefunden. Volkswagen, GM, Bosch und andere Weltkonzerne haben sich hier angesiedelt und produzieren für den Weltmarkt. Man sagt, in Sao Paulo gibt es mehr deutsche Firmenniederlassungen als in irgendeiner deutschen Stadt.

Sao Paulo ist riesig. Das Leben hier pulsiert Tag und Nacht. Die Straßen ersticken an dem niemals endenden Verkehr. Drei Stunden brauche er für die sieben Kilometer von seinem Haus bis zur Arbeitsstelle, berichtet mir ein Mitarbeiter der Brasilianischen Bibelgesellschaft. „Bei uns gibt es immer Stau", fügt er traurig und müde hinzu. Sicher auch, weil es keinen vernünftigen öffentlichen Nahverkehr gibt. Die städtischen Verkehrsbetriebe scheinen den Kampf gegen das Wachstum dieser Metropole längst aufgegeben zu haben. Genauso, wie die Stadtväter den Kampf gegen die Luftverschmutzung aufgegeben haben. Überall stinkt es nach Abgasen und dem längst toten Wasser des einmal so stolzen Rio Tietê. Die Einheimischen nennen ihn fast schon liebevoll „unsere Kloake". Das Wasser im Fluss ist dunkelgrau, an manchen Stellen fast schwarz. Was da alles mitschwimmt! Sowohl die Industrie als auch private Haushalte lassen ihre Kanalisation hier abfließen.

„Unsere Kloake" wurde für mich, je länger ich in Sao Paulo blieb, zum Symbol der Stadt überhaupt. Ähnlich wie dem Wasser dieses Flusses, das ursprünglich aus einer sauberen Quelle in Salesópolis in der Serra do Mar stammt und das verschmutzt und ohne Leben ist, wenn es die Stadt durchfließt, ergeht es auch Millionen der Einwohner dieser Stadt. Sie kamen vom Land. Sie suchten Arbeit, Broterwerb, eine sichere Existenz. Gefunden haben viele von ihnen noch größere Armut, ärmliche Behausungen in den Favelas, den Armenvierteln, in denen das Leben gezeichnet ist von Krankheiten, Drogen und Kriminalität. „Du kommst aus diesem Zustand nur durch ein Wunder heraus", erzählte mir Frederico, ein junger Mann, der seit Jahren auf der Straße lebt. „Auch wenn du es willst, da gibt es kaum ein Entrinnen. Diese Stadt lässt dich aus ihrem Rachen nicht mehr frei, wenn sie dich einmal hat."

Leben gesucht – Tod gefunden. So kann man heute das Leben großer Massen von Menschen, die in die rapide wachsenden Städte der Welt geflohen sind, beschreiben. Sie ähneln sich alle. Ob Hanoi, Johannesburg, Moskau, Nairobi, Bangkok, Mexiko-City, New York oder eben Sao Paulo. Lebensflüsse, die durch sie fließen, werden erstickt und zu Kloaken. Sie sind Orte der Sehnsucht für Millionen und werden zu Orten der Verzweiflung für die meisten von ihnen.

Unsere deutschen Metropolen heißen Berlin, München, Hamburg, Düsseldorf, Köln oder auch das Ruhrgebiet mit Dortmund, Bochum, Essen, Oberhausen und Duisburg. Berlin ist unsere „Hauptstadt der Armut", wie sie der Berliner Kurier genannt hat.[13] Jeder fünfte Berliner lebt unter der Armutsgrenze.[14] Entsprechend problematisch entwickeln sich bestimmte Bezirke der Stadt. Längst spricht man von Slums. Im Stadtteil Kreuzberg zum Beispiel. Ein Kurier-Reporter spricht gar vom „Saustall Kreuzberg". Er schreibt:

„Zwischen Müll und Dreck, zwischen Spree und Schlesischer Straße: Hinter zuplakatierten Bauzäunen wächst ein wahrer Slum, in dem Lebensbedingungen wie in Armenvierteln von Bombay herrschen. Oder in Favelas brasilianischer Mega-Städte. Es sind etwa

---

13   https://www.berliner-kurier.de/berlin/kiez---stadt/berlin-hauptstadt-der-armut-25953986 (letzter Zugriff: 2.11.2017).
14   Ebd.

30 Bretterbuden, Wellblechhütten und Zelte – zusammengeschus-
tert zu einer kleinen Stadt. Mitten in Berlin. In Deutschland.“[15]

Foto: Sabeth Stickforth[16]

Wie in den meisten Städten dieser Welt ist auch das Berliner Problem
verursacht von den in die Stadt strömenden Massen an Einwanderern.
Auch hier suchen Menschen besseres Leben, Arbeit, sicheres Einkommen. Leider finden viele statt sozialem Aufstieg nur einen Platz in der
Gosse.

Sicher, in Deutschland sind es noch nicht die Massen. Hier wachsen
die Städte auch, weil Menschen der Faszination der Stadt mit ihrem
bunten und breiten Angebot an Bildung, Kultur, Lebensfreude und
Ähnlichem erliegen. Es ist eben „cool“, in der Stadt zu leben, sagen
mir junge Leute. Und viele finden, was sie suchen. Aber die Schere
zwischen denen, die sich in der Stadt finden, und denen, die von der
Stadt „geschluckt“ werden, geht immer weiter auseinander.

---

15   https://www.berliner-kurier.de/2494440 ©2017 (letzter Zugriff: 2.11.2017).
16   https://www.berliner-kurier.de/berlin/kiez---stadt/die-slums-von-kreuzberg-
     das-ist-nicht-bombay--das-ist-berlin--2494440 (letzter Zugriff: 2.11.2017).

1.3. Wo der Glaube stirbt

Städte versprechen ihren Ankömmlingen, den Glauben an sich selbst zu stärken. Hier kann jeder etwas werden. Und wer es in der Stadt schafft, schafft es auch überall sonst. Die Erfolgreichen sind die Reklametafeln der Stadt. Sie feuern Sehnsüchte an. Wer sich in der Stadt ausprobiert, wer einmal Selbstverwirklichung in der Stadt getankt hat, der wird immer mehr auf Distanz zu dem gehen, der alles Leben geschaffen hat – Gott. So geschah es im biblischen Babylon. So ist es auch heute noch.

Heute gilt die Stadt als der eigentliche Säkularisierungsmotor der Gesellschaft. Wo immer in der Welt Städte wachsen, verlieren ihre Einwohner zunehmend den Bezug zu Gott. Das ist nicht nur in der sogenannten nachchristlichen Welt der Fall. Ähnlichen Verfall religiöser Bindungen kann man auch in islamischen, hinduistischen und buddhistischen Gesellschaften beobachten.

Die Erfolgreichen verlieren den Gauben an Gott, weil sie der Vorstellung erliegen, nun alles aus eigener Kraft tun zu können. Schließlich gibt ihnen ihr Erfolg täglich recht. Genauso gefährdet sind aber auch die Massen derer, die in der Stadt versagen, denen Glück und Erfolg versagt bleiben. Wie Süchtige versuchen sie immer wieder aus ihrer verzweifelten Lage herauszukommen und scheitern doch an all dem, was sie krankmacht, bis ihnen nur noch der stumme Schrei bleibt: „Allein, ich bin allein. Ich habe keinen Menschen. Niemand kann mir mehr helfen."

In der Stadt stirbt der Glaube an Gott, an sich selbst und an die Mitmenschlichkeit. Man taucht in die Anonymität ab, verliert sich selbst und seine besten Freunde. Gefragt, ob sie ihre Nachbarn im Hochhaus kennen, antworten die meisten Städter meist mit einem Kopfschütteln. Man kennt sich in der Stadt nicht, und wenn, dann eben nur beiläufig. In der Stadt sterben die Beziehungen innerhalb der sozialen Räume ab, und das trotz der Tatsache, dass man nirgendwo sonst so viel in Kultur und Gemeinschaft investiert. Allerdings ist beides, die Kultur und das soziale Miteinander, schnelllebig und nicht selten merkantilisiert. Angebot und Nachfrage und nicht die Menschen selbst bestimmen hier. Und so werden die einen reich und die anderen verarmen. Die einen sind erfolgreich, weil die anderen am eigenen Misserfolg verzweifeln.

Und trotzdem strömen die Menschen in die Stadt. Und trotzdem glauben sie, gerade hier den Glauben an sich selbst wiederzufinden. Denn hier pulsiert das Leben. Hier entstehen permanent „neue Jobs, neue Lebensformen, neue Landkarten"[17]. Hier entsteht Gesellschaft. Wenn es überhaupt in der Welt einen Ort mit Zukunft gibt, dann ist das die Stadt.

1.4. Gemeinde Jesu – Lichtblick am Horizont

In der Stadt bauen Christen Gemeinden. Ihre Mission orientiert sich an Gottes Auftrag. Jesus selbst hat es ihnen ins Stammbuch geschrieben: „Wie der Vater mich gesandt hat, so sende ich euch", hat er gesagt (Joh. 20,21). An mehreren Stellen präzisierte er dann den Auftrag. So sprach er zu seinen Jüngern in der berühmten Bergpredigt:

> „Ihr seid das Licht der Welt. Es kann die Stadt, die auf einem Berge liegt, nicht verborgen sein. Man zündet auch nicht ein Licht an und setzt es unter einen Scheffel, sondern auf einen Leuchter; so leuchtet es allen, die im Hause sind. So lasst euer Licht leuchten vor den Leuten, damit sie eure guten Werke sehen und euren Vater im Himmel preisen." (Mt. 5,14-16.)

Nach Jesus sind Jünger Licht der Welt, eine Stadt, die auf dem Berg liegt, ein Licht, das im Haus auf die höchste Stelle gestellt wird, damit es allen darin leuchtet. Licht garantiert Leben in der Welt. Würde die Sonne uns ihr Licht nicht mehr spenden, würde alles Leben bin-

---

17 Harald Sommerfeld: *Mit Gott in der Stadt: Die Schönheit der urbanen Transformation*. Transformationsstudien Bd. 8. (Marburg: Francke Verlag 2016), 26.

nen kurzer Zeit sterben. Und Licht garantiert Orientierung im Haus. Wenn die Nacht einbricht und es in mondlosen Tagen stockdunkel wird, dann braucht man Licht im Haus, wenn man sich nicht den Hals brechen möchte. Als Licht zu leuchten heißt, so viel, wie Orientierung zu geben, den Weg anzuzeigen. Licht steht aber auch für Wärme und Lebensenergie. Wenn Jesus seine Gemeinde als Licht der Welt bezeichnet, dann schreibt er ihr eine lebenswichtige Funktion im Alltag der Menschen zu. Ohne sie ist das Leben in der Welt gefährdet und gefährlich.

Ähnlich bedeutsam ist das zweite Bild. Die Gemeinde ist eine Stadt, die auf einem Berg liegt. Das Bild steht zum einen für ein Gemeinwesen, das von weitem sichtbar ist. Man kann sich an dieser Stadt orientieren. Und sie liegt auf einem Berg und ist somit für die Feinde nicht so leicht erreichbar – ein sicherer Hort für alle, die Geborgenheit und Sicherheit suchen. Eine Stadt auf einem Berg stand aber auch seit Urzeiten für eine Machtzentrale. Hier residierten die Mächtigen, Könige, Statthalter und dergleichen. Von hier aus regierte man das Umland, bestimmte die Politik, Kultur, den Wohlstand und das Zusammenleben der Menschen. Um diese erhöht gelegene Stadt entwickelten sich dann ganze Metropolen.

Wenn Jesus seine Gemeinde eine Stadt auf einem Berg nennt, dann schreibt er ihr Verantwortung für die Welt um sie herum zu. Ganz ähnlich wie in Mt. 16,18, wenn er zu Petrus sagt, dass er seine Gemeinde bauen will, und dabei den Begriff *ekklesia* verwendet. Der Begriff entstammte dem politischen Alltag der griechischen Stadtrepubliken und stand hier für die Vollversammlung aller Bürger der Stadt, die von Zeit zu Zeit zusammengerufen wurden, um gemeinsam über die Geschicke ihres Ortes zu entscheiden.[18]

Die Gemeinde der Jünger Jesu ist in der Welt, um Verantwortung für

---

18   Zum Begriff siehe: Johannes Reimer: *Die Welt umarmen. Zur Theologie des gesellschaftsrelevanten Gemeindebaus*. Transformationsstudien Bd. 1, 2. Auflage. (Marburg: Francke Verlag 2013), 42-47.

die Welt zu übernehmen. Sie ist die aus der Welt herausgerufene Gemeinschaft, die Verantwortung für die Welt übernehmen soll. Gottes *ekklesia* als die Stadt auf einem Berg ist somit als lebensentscheidende Institution für die gesamte Stadt gedacht. Und der Ort, an dem sie zu agieren hat, ist „der höchste" vor Ort. Hoch ist sicher nur bedingt geographisch gedacht. Vielmehr geht es um den Ort, von dem Einfluss ausgeht und von dem aus Orientierung und Lebensenergie weitergegeben werden. Solche Hochorte markierten in der Antike die Plätze, an denen Könige, Richter und Parlamente saßen. Heute werden Gesellschaften von Kräften gestaltet, die sowohl in den sozialen Welten als auch in den etablierten Systemen des Ortes wiedergefunden werden können.

Jesus selbst hat es seinen Jüngern angetragen, Licht der Welt zu sein. Ein Licht, das an der höchsten Stelle der Stadt aufgestellt allen in der Stadt leuchten soll (Mt. 5,14-15). Allen – das bedeutet, solchen, die erfolgreich sind, in der Stadt angekommen und reich geworden sind, und solchen, die an ihr verzweifeln. Übrigens, gerade die Letzteren, die Mühevollen und Beladenen, lud er ganz besonders ein, zu ihm zu kommen und Ruhe zu finden. „Kommet her alle, die ihr mühselig und beladen seid, ich will euch erquicken", hat er gesagt (Mt. 11,28). Jesus will seine Stimme in der Stadt hörbar machen.

Aber wie baut man Gemeinde in einer Stadt, die zu einer Kloake neigt? Wie durchbricht man den Kreislauf der Emanzipation von Gott und des Glaubenssterbens? Wie schafft man jene Orte der Ruhe und des Friedens inmitten der pulsierenden Suche nach Selbstbefriedigung und Wohlstand? Fragen, die sich stellen, sobald man in eine Stadt wie Sao Paulo oder Berlin kommt. Aber gerade hier in diesen Mega- und Großstädten entstehen fast jeden Monat neue Gemeinden. Viele dieser Gemeinden kommen und gehen, andere bleiben, und wiederum andere werden zu den größten Gemeinden in der Welt, die Zehntausenden von Menschen eine Heimat bieten. Gemeindebau funktioniert, und das auch in einer Stadt wie Sao Paulo oder Berlin. In den nächsten Kapiteln dieses Buches gehen wir nun systematisch den Antworten auf die Fragen nach, die man sich stellen muss, wenn man erfolgreich

Gemeinde in urbanen Räumen bauen möchte. Freilich beginnt eine solche Reise mit der konsequenten Bekehrung zur Stadt.

1.5. Gott in die Stadt folgen

Christen, allen voran Freikirchen, scheuen die Stadt. Mit den Täufern sind sie eher die „Stillen auf dem Lande". Und sogar dann, wenn sie mitten in der Stadt leben, denken sie eher ländlich, wie der amerikanische Theologe Ray Bakke so treffend feststellt. Die Welt der Stadt ist ihnen fremd, und sie macht ihnen Angst. Bakke konstatiert: „Die meisten Christen lesen die Bibel mit ländlichen Brillen."[19] Entsprechend ist dann ihre Theologie und Evangelisation geprägt. Evangelikale und pietistische Gemeinden trifft man in der Regel eher in den Vororten der Stadt, wie Tim Foster feststellt.[20]

Gott, der Vater, sandte seinen Sohn zu den Menschen, weil er sie liebt (Joh. 3,16). Wo Menschen leben, da ist Er mit seinem Liebesangebot. Er ist in den sozialen Ballungszentren dieser Welt, lange bevor Christen da auftauchen. „Wo wir hinkommen, ist Gott schon da", schreibt Harald Sommerfeld in seinem überaus lesenswerten Buch zur urbanen Mission.[21] Und er fordert von den Christen eine neue Hinwendung zur Stadt.[22] Nur so können sie zu einem Licht in der Stadt, zu Agenten der Veränderung und Transformation, werden. Sommerfeld nennt vier Aufgaben urbaner Mission christlicher Gemeinden:[23]
(a) Die sozialwissenschaftliche Aufgabe: Die Stadt verstehen;
(b) Die theologische Aufgabe: Gottes Spuren in der Stadt erkennen;
(c) Die evangelistische Aufgabe: Gottes Gegenwart in der Stadt aufzeigen und deuten;

---

19 Raymond J. Bakke: *Theology as Big as the City.* (Downers Grove, IL: IVP, 1997), 4.
20 Tim Foster: *The Suburban Captivity of the Church: Contextualizing the Gospel for Post-Christian Australia.* (Melbourne: Acorn Press Limited, 2014.)
21 Sommerfeld, Mit Gott in der Stadt, 30.
22 Ebd., 29.
23 Ebd., 33-35.

(d) Die transformatorische Aufgabe: Sich für Gottes Ziele in der Stadt engagieren.

Missionarischer Gemeindebau stellt sich solchen Aufgaben, weil er die Stadt als Ort der Liebe Gottes ausgemacht hat und sich bewusst an diesen wendet. Und weil er die Platzzuweisung Jesu, eine Stadt auf einem Berg zu sein, ernst nimmt. Christen, die in Christus eine neue Schöpfung geworden sind, sind Gottes Botschafter der Versöhnung und der Gerechtigkeit, die vor Gott gilt (2Kor. 5,17-21). Sie sollen der Stadtbevölkerung Gottes Version einer urbanen Lebensweise vorleben und predigen. Gemeindebau in der Stadt ist somit für die Stadt selbst von Bedeutung. Die Stadt kollabiert, korrumpiert und asozialisiert, weil man ihr keine Alternative zeigt. Sie braucht Licht, Salz, Gerechtigkeit. Und nicht weniger als das kann und soll ihr die christliche Gemeinde bringen. Mission im Sinne Jesu kann es für die Christen nie an der Stadt vorbei geben. Ja, urbaner Gemeindebau ist geradezu ein Gradmesser ihrer missionarischen Gesinnung.

„Mein ganzes frommes Denken sprach dagegen."
Tina bekehrt sich zu den Menschen

Ich kam nach Berlin zum Studium. Aufgewachsen bin ich an der Ostsee mit reiner Luft, wenig Menschen, viel Natur und großer Bewegungsfreiheit. In Berlin war alles anders: überall Menschen, viele Autos, stickige Luft, kaum Natur und Stille. Diese Stadt schien nie zu ruhen. Und sie machte mich unruhig, unzufrieden mit mir selbst und meinen Nächsten. Es dauerte nicht lange, bis ich nur noch davon träumte, bald mein Studium abzuschließen und zurück nach Hause in die Beschaulichkeit meines Heimatortes zu kehren. Gott sei Dank fand ich eine kleine Kirchengemeinde. Die Menschen hier ähnelten denen zu Hause. Sie schienen ihre kleine Parallelwelt geschaffen zu haben, in der man für eine Zeit lang das laute Getöse der Stadt vergessen konnte. Unser kleines Gemeindezentrum lag im zweiten Hinterhof, und man bekam hier tatsächlich nur wenig von der Stadt mit. Gerne tauchte ich am Mittwoch zur Bibelstunde, am Samstag zur Wo-

chenendandacht und am Sonntag zum Gottesdienst in diese kirchliche Idylle ab. Das Einzige, was mich an dieser Berliner Gemeinde störte – es gab hier kaum Jugendliche. In der Regel war ich die Jüngste unter den vielen Grauhaarigen. Gefragt, wo denn die Jugend geblieben sei, sagte man mir schnell: „Sie haben die Welt lieb gewonnen." Und die Welt fing bekanntlich draußen an der Hauptstraße an.

Je länger ich in die Gemeinde kam, desto unruhiger wurde ich. Wir waren immer dieselben Gottesdienstbesucher. Die Gemeinde wuchs nicht, und wenn, dann nur, weil solche Studenten vom Land wie ich für eine Zeit lang dazukamen. Viele von ihnen verschwanden dann aber auch bald wieder. Die Erklärung unseres alten Pastors: Auch in ihnen würde die Liebe zu Gott erkalten. Die Stadt hatte auch sie in ihren Strudel gezogen. Auf meine Nachfrage, ob wir denn nicht berufen seien, in die Welt zu gehen und die Menschen zu Christus zu rufen, antwortete mir derselbe Mann: „Haben wir schon alles hinter uns. Die Menschen sind böse geworden. Zu uns kommt jedenfalls niemand. Wir haben uns von der Welt losgesagt, weil man weder die Welt noch, was in der Welt ist, lieben soll."

Eines Tages überwand ich mich und besuchte eine andere, eine „moderne" Gemeinde, wie man bei uns zu sagen pflegte. Hier traf ich auf Hunderte junger Leute und moderne Musik und erlebte, wie sich nach dem Gottesdienst mehrere Personen spontan bereit erklärten, Jesus als ihren Herrn zu akzeptieren. Überrascht, so etwas in Berlin vorzufinden, fragte ich den jungen Pastor der Gemeinde, wie das wohl kommt, dass sich bei ihnen Menschen für den Glauben interessieren. Seine Antwort hat mich noch lange danach beschäftigt. Er sagte: „Wir haben die Menschen in der Stadt lieb, sorgen und beten für sie, und jetzt finden sie sowohl uns als auch unseren Glauben attraktiv. So, wie es bei Jesus war: Er wurde Mensch, lebte unter den Menschen, und dann sahen sie seine Herrlichkeit und folgten ihm nach. Es ist alles recht einfach."

So einfach war es für mich zunächst nicht. Mein ganzes frommes Denken sprach gegen eine solche Perspektive. Aber ich fing an, intensiv *in der Bibel zu forschen. Und mir wurde zunehmend klar: Nur, wer Menschen liebt, kann sie auch zu Gott rufen, und nur, wer die Stadt liebt, kann sie auch verändern. Ich war mit meiner eingefahrenen Haltung jedenfalls nicht zu gebrauchen. Und dann fiel ich eines Tages auf meine Knie und bat Gott für meinen Rückzug aus der Welt um Vergebung, und ich bat, mir seine Wege zurück zu den Menschen in Berlin zu zeigen. Wenn man so will, bekehrte ich mich zur Stadt, und es begann ein anderes Leben ..."*

Fragen zur Weiterarbeit:

1. Welche Erfahrungen haben Sie mit dem Leben in der Stadt gemacht?
2. Was macht für Sie die Stadt aus?
3. Worauf könnten/würden Sie in der Stadt nicht verzichten wollen?
4. Was fördert für Sie den Glauben in der Stadt?
5. An welcher Stelle behindert und verhindert die Stadt den Glauben?
6. Wie sollte sich Ihrer Meinung nach die christliche Gemeinde der Stadt gegenüber verhalten?

Kapitel 2

Leben in der Stadt

2.1. Die Stadt verstehen

Wer für die Stadt Verantwortung übernehmen möchte, der sollte sich mit ihr beschäftigen. Erst wenn wir die Stadt und ihre kulturellen und sozialen Welten, ihre Gestaltungskräfte, verstehen, können wir beginnen, über Veränderungsprozesse und Eingriffe ins urbane Leben nachzudenken. Und christlicher Gemeindebau setzt solche Eingriffe voraus. Mit der Gemeinde Jesu kommt ein Transformationsagent auf die soziale Bühne der Stadt. Die *ekklesia*, wie Jesus sie baut, soll Verantwortung für die Menschen vor Ort übernehmen, ja noch mehr – das Gemeinwesen selbst in einen Nachfolger Jesu verwandeln (Mt. 28,19-20). Mit ihr zieht Gerechtigkeit, wie Gott sie denkt, in die Stadt (2Kor. 5,21).

Was sollten, ja müssen Gemeindebauer über die Stadt unbedingt wissen, um Gemeinde in der Stadt effektiv bauen zu können? Hier ein paar grundsätzliche Beobachtungen. Wir zeichnen dabei sowohl die sozialen als auch machtpolitischen Räume in der Stadt nach. Denn erst, wenn wir wissen, wo, wie und unter welchen Einflüssen Menschen in der Stadt leben und ihren Glauben praktizieren, können wir in ihr Leben prophetisch und gegebenenfalls auch transformativ hineinsprechen und hineinhandeln. Leben aus Gott setzt immer Wissen und die Bereitschaft, das Wissen in die Tat umzusetzen, voraus. Menschen sind dem Leben aus Gott entfremdet aufgrund ihrer Ignoranz und der Verstockung ihrer Herzen (Eph. 4,17-18). Erst wenn wir die Wahrheit über die Stadt erkennen, können wir befreit transformativ handeln (Joh. 8,32).

2.2.   Soziale Welten der Stadt

Städte sind keine homogenen, sozialen Räume, vielmehr bestehen innerhalb der Grenzen einer Stadt eigene soziale Welten.[24] Man spricht in diesem Zusammenhang auch von urbanen Systemen[25] und Gesellschaftstypen.[26]

Unter einem *urbanen System* verstehen wir ein flächendeckendes dreidimensionales Netzwerk von vielfältigen sozialen und physischen Verknüpfungen. Knoten dieses Systems sind Punkte mit einer hohen Dichte an Menschen und Gütern.[27] Mit anderen Worten, da, wo die meisten Menschen leben und wo sie am meisten lebensrelevante Güter erwerben, liegen wichtige urbane Zentren, die wir *Knoten* nennen. Zwischen diesen Knoten verlaufen die Ströme von Information, von Gütern oder auch sozialen Kontakten. Was man in der Stadt an Information weiterleitet, an Gütern anbietet und welche kulturellen Einflüsse prägend sind – das wird in den Knoten durchdacht und entschieden.

Urbane Systeme ähneln Netzwerken und werden seit den 1990er Jahren auch *Netzstadt* genannt. Das Modell wurde von den Schweizern Franz Oswald und Peter Baccini entwickelt und soll helfen, die unterschiedlichen Verflechtungen in einem urbanen System in Beziehung zueinander zu setzen, indem es analytische Instrumente und Qualitätskriterien definiert. Es ist prinzipiell an der langfristigen Gestaltung des urbanen Raums interessiert und bewusst ganzheitlich gedacht. Es erschließt damit sowohl sozial-ökonomische als auch kulturell-religiöse Entwicklungen in der Stadt. Das Netzwerk setzt sich aus den folgenden drei Elementen zusammen:

---

24   Doreen Massey; John Allen; Steve Pile. (Ed.) *City Worlds.* (Oxford: The Open University, 1999), 54ff.

25   Stefan De Beer: *Understanding Urban Systems and Powers.* (Pretoria: Institute for Urban Mission,1998), 65.

26   Ray Bakke: *The Urban Christian.* (Downers Grove.IL: IVP, 1987),109ff.; De Beer, *Understanding Urban Systems,* 74ff.

27   Franz Oswald, Peter Baccini: Netzstadt. *Einführung in das Stadtentwerfen.* (Basel/Boston/Berlin: Birkhäuser, 2003), 25ff.

- *Knoten* – definiert als Orte hoher Dichte von Personen, Gütern und Informationen.

- *Verbindungen* – die die Flüsse von Personen, Gütern und Informationen zwischen den Knoten gewährleisten.

- *Skalen* – diverse Maßstabsebenen, innerhalb derer Territorien räumlich abgegrenzt und die Knoten und Verbindungen identifiziert werden können.

Das Wechseln des Betrachtungsmaßstabs erlaubt es, sowohl verschiedene Knoten und Verbindungen auf der nächsthöheren Skala zu einem übergeordneten Knoten zu aggregieren, als auch einen Knoten auf der nächsttieferen Skala in Subknoten und die entsprechenden Verbindungen dazwischen aufzulösen. Dies erhöht die Flexibilität des Modells und führt zu neuen Hierarchien, die sich deutlich voneinander unterscheiden.

Oswald/Baccini differenzieren fünf Skalen, die sich auf Person, Nachbarschaft, Gemeinwesen, Region und Nation beziehen:

- *Die individuelle Skala* – die Wohnung als kleinste Einheit urbanen Lebens. Hier ist die Person samt der dazugehörigen Familie zu Hause.

- *Die lokale Skala* – das Quartier, das die Grundversorgung urbanen Lebens und erste Identifikationsmöglichkeiten mit der Nachbarschaft bietet. Hier werden die ersten unmittelbaren Kontakte außerhalb des eigenen Hauses gefunden.

- *Die kommunale Skala* – das Gemeinwesen, die erste gemeinschaftlich organisierte und teilweise selbstverwaltete Ebene. Hier finden die Einwohner ein organisiertes Versorgungssystem, das den gemeinsamen Alltag in der Stadt sichert.

- *Die regionale Skala* – sie umfasst mehrere Kommunen, für die größere Aufgaben im Bildungs-, Sozial-, Ressourcen- und Verkehrsbereich zentral gelöst werden (Bundesländer, Departemente, Kantone etc., aber auch Regionen der Europäischen Union).

- *Die nationale Skala* als Regionenverbund, welcher sich über eine Verfassung den Status eines souveränen Staates gibt. [28]

Während Teile des Netzstadtmodells – in seinen geogenen Fragestellungen – für die Entwicklung christlicher Gemeinden in der Stadt eher sekundär sind, stellen vor allem die Fragen zu der Bevölkerungsbewegung ein wichtiges Thema und Instrument dar. Im Modell der Netzstadt werden gemessen:

- Einwohnerdichte – wie viele Menschen leben im besagten urbanen Raum?
- Arbeitsplatzdichte – wie viele Arbeitsplätze stehen im urbanen Raum zur Verfügung?
- Dienstleistungsdichte – was wird im Raum an Dienstleistung geboten?
- Institutionendichte – welche Institutionen sind im Raum vorhanden?
- Arbeitende (Flüsse) – welche Bewegungen von Arbeitenden sind im urbanen Raum feststellbar?
- Studierende (Flüsse) – welche Bewegungen von Studierenden sind im urbanen Raum feststellbar?

Urbane Räume werden von Systemen gestaltet, die der Gesellschaft eine mehr oder weniger reibungslose Existenz und Entwicklung ermöglichen. Wir unterscheiden dabei zwischen primären und subordinären Systemen.[29] Unter primären Systemen verstehen wir das politische, ökonomische, religiöse und soziale System. Innerhalb dieser Kategorien können weitere Subkategorien beschrieben werden. Folgende Tabelle bietet hierfür ein gutes Beispiel.[30]

---

28   Oswald, *Netzstadt*, 54ff.
29   De Beer, *Understanding Urban Systems*, 67.
30   Die Tabelle aus De Beer, *Understanding Urban Systems*, 69.

Primäres System	Subordinäres System
Politisches System	Lokale Verwaltung Polizei Feuerwehr Übergeordnete Verwaltung: Kreis, Land etc. Politische Parteien
Ökonomisches System	Firmen, formaler Markt Schwarzmarkt Wirtschaftliche Entwicklung Infrastruktur Transportsysteme/Logistik Banken/Finanzen Gewerkschaften Wohnungsmarkt
Soziales System	Familien-Situation Gesellschaftliches Leben Entertainment/Freizeitangebot Gesundheitsversorgung Medienangebot Dienstleistungsangebot Gemeinwesenprojekte/Initiativen Vereinsleben Einwohnerinitiativen
Religiöses System	Kirchen Religiöse Gemeinschaften Kultgemeinschaften Parareligiöse Organisationen
Urbane Umwelt	Umweltsituation Entwicklungen Ökologische Situation
Soziales System	Soziale Klassen Rassen Nationalitäten Diasporas Vereine Sport Künste

Die urbanen Systeme kontrollieren die Macht in der Stadt. Und es sind diese Mächte, die letztlich darüber entscheiden, ob Menschen im urbanen Raum reich oder arm, glücklich oder unglücklich, einsam oder geborgen leben. Wer immer sich anschickt, die Lebensumstände in der Stadt zu verändern, wird sich der Machtfrage und damit auch den urbanen Systemen stellen müssen. Robert Lintichum, der sich jahrelang mit der städtischen Entwicklung in der Zwei-Drittel-Welt und der dort grassierenden Armut im Auftrag vom evangelischen Missionswerk World Vision beschäftigt hat, schreibt mit Recht:

„Armut ist nicht sosehr die Abwesenheit an Gütern, es ist die Abwesenheit von Macht – die Kapazität, die Fähigkeit, die eigene Situation zu verändern."[31]

Urbane Systeme kontrollieren die Macht in der Stadt. Wer die Machtverhältnisse in der Stadt verstehen will, der wird sich mit den Systemen der Stadt auseinandersetzen müssen.

2.3. Gesellschaftstypen

Obwohl in allen urbanen Räumen urbane Systeme wirken, ist ihre Durchschlagskraft unterschiedlich zu bewerten. Das liegt vor allem am jeweiligen Typ der Stadt. Städte sind nicht einfach vorhanden, sie entstehen und entwickeln sich immerfort. Diese initiale und fortwährende Entwicklung definiert auch den jeweiligen Gesellschaftstyp des urbanen Zusammenlebens. Ob ein Stadtteil sich gerade aus einer Ansiedlung von Menschen, die auf der Suche nach Arbeit in die Stadt drängen, entwickelt oder sich dank wachsender Bevölkerung ausweitet und Vororte der Reichen und Einflussreichen bildet – all das entscheidet, welchen Charakter der jeweilige urbane Raum annimmt.

---

31 R.C. Lintichum: *City of God, City of Satan.* (Grand Rapids, MI: Zondervan,1991), 10.

Der Urbanologe Ray Bakke identifiziert eine Reihe von Gesellschafts-typen in der Stadt, die er daran festmacht, dass er nach dem Kommu-nikationsfluss in der Gesellschaft und nach der Durchlässigkeit der Gesellschaft fragt.[32] Er unterscheidet dabei zwischen Slum, Schwellen-gemeinschaft, Wandlungsgesellschaft, diffuser und parochialer Gesell-schaft und einer gesunden Gemeinschaft.

Dabei stehen Slums für Elendsviertel der Stadt, die als Auffangquartie-re für Menschen dienen, die entweder als verarmte Landbevölkerung oder Flüchtlinge in die Stadt zuwandern oder infolge von Arbeitslosig-keit und dem Verlust des sozial-ökonomischen Halts „auf der Straße" landen. Slums entstehen in der Regel chaotisch. Kommunikation nach innen wie außen ist stark erschwert. Ebenso der Ausbruch in ein besseres Leben. Slums können sich zu Schwellengemeinschaften ent-wickeln, in denen der Wille zur Veränderung bessere Aufstiegsmög-lichkeiten schafft. Schwellengemeinschaften können sich sowohl als Weg aus dem Slum als auch als Wandlungsgesellschaft in den sozialen Abstieg entwickeln. Solche Wandlungsgesellschaften entstehen da, wo eine Bevölkerungsschicht durch Ansiedler verdrängt wird. Oft sind solche Gemeinschaften in den ersten Jahren ihrer Existenz sehr diffus organisiert. Man spricht dann vom diffusen Gemeinwesen. Das Ge-genteil davon wären parochiale Gemeinschaften, in denen eine stark nach innen definierte Einwohnerschaft lebt, die sich bewusst von der Außenwelt abgrenzt und eine Art Parallelwelt für sich bildet. Bakke wünscht sich ein offenes und gesundes Gemeinwesen. Ich habe seine Beobachtungen in folgender Tabelle festgehalten[33] und hier und da ergänzt.

---

32 Bakke, *The Urban Christian*, 109.
33 Ebd., 109f.

Urbaner Gesellschaftstyp	Kommuikation nach innen	Kommunikation nach außen	Eingang in die Gesellschaft	Ausgang aus der Gesellschaft
Slum	Nur durch Medien	Sehr spärlich	Chaotisch	Stark erschwert
Schwellengemeinschaft	Durch Ehemalige	Durch Ausstiegswillige	Durch den Willen zur Veränderung	Durch den Willen zur Veränderung
Wandlungsgesellschaft	Durch Ankömmlinge (positiv); durch Aussteiger (negativ)	Durch Ankömmlinge (positiv); durch Aussteiger (negativ)	Durch den Willen zur Ansiedlung	Durch sozialen Wohnwechsel
Diffuse Gesellschaft	Kommunikation nur durch Individuen	Keine klare Gemeinschaftsgrenzen	Kein geregelter Eingang	Kein geregelter Ausgang
Parochiale Gemeinschaft	Starke interne Kommunikation	Sehr schwache Kommunikation nach außen	Eingang nur unter bestimmten Umständen	Ausgang stark reglementiert
Gesundheit Gemeinschaft	Starke Kommunikation	Starke Kommunikation	Geregelt und offen	Geregelt und offen

Die jeweiligen Gesellschaftstypen sind in der Regel räumlich voneinander getrennt. Segregation erfolgt meistens unfreiwillig als Folge sozialer Ungleichheit. Randgruppen, „relativ statusniedere Bevölkerungsgruppen", wird in bestimmten Bereichen der Zugang zu sozial höher bewerteten Gruppen verwehrt.[34] Auf der anderen Seite streben gerade diese Bevölkerungsgruppen den Aufstieg an. Und die Stadt, bei aller Segregation, ermöglicht diesen auch. „Die Stadt ist der Ort, an dem ein Überschuss an Möglichkeiten den Individuen die Integration in die verschiedenen Dimensionen der modernen Gesellschaft überhaupt erst ermöglichte."[35]

---

34 Bernhard Schäfers (Hrsg.): *Grundbegriffe der Soziologie*. 4. Aufl. (Augsburg: Leske Verlag, 1995), 273.
35 Thomas Krämer-Badoni: Urbanität und gesellschaftliche Integration. In: *DfK, Deutsche Zeitschrift für Kommunalwissenschaften* (40. Jg., 2001/ I). Berlin, 23.

2.4. Menschengruppen in der Stadt

Urbane Räume sind gegliederte Räume. Wir unterscheiden dabei zwischen funktional-räumlicher und sozial-räumlicher Gliederung.

Bei einer Gliederung nach Funktion werden Räume unterschieden, in denen entweder Kultur, Religion, Politik/Verwaltung, Ökonomie, Bildung oder auch Freizeitgestaltung gefördert und gelebt werden. Daneben stehen dann Räume, die soziale Zugehörigkeit definieren, wie soziale Klasse, Gesellschaftsschicht, Milieu oder Alter.

Hinter den Gesellschaftstypen stehen also unterschiedliche Menschengruppen, die sich unterschiedlich sozial, kulturell, religiös und politisch organisieren. Die Grenzen zwischen diesen Gruppen sind flexibel und erlauben Entwicklung und Fortkommen. Stadtbewohner sind flexibel, aber nicht unorganisiert. Sie lassen sich nach ihrer Kultur, Religion und sozialem Stand auf der einen, ihrem ökonomischem Status auf der anderen Seite in Klassen, Stände und Milieus einteilen.

Große Gruppen von Leuten mit gleichen ökonomischen Ressourcen, die stark einwirken auf Lebensstile, nennen wir *Soziale Klassen*. Max Weber (1864-1920) definierte: „Klassen sind Gruppierungen von Menschen, die aufgrund ihres Besitzes und/oder spezifischer Leistungen auf dem ‚Markt' ungefähr gleiche materielle Lebenschancen haben." Klassen weisen meist flexible Grenzen auf und kennen formale Behinderungen zum Aufstieg. Man gehört einer Klasse nur aufgrund des erworbenen gesellschaftsökonomischen Status' an.

Hans und Petra kommen aus einer reichen Familie. Sie haben selbst studiert und leiten heute eine größere Firma. Sie gehören zu der oberen sozialen Klasse, während das Lehrerehepaar Müller zur Mittelklasse und die Webers, die einem einfachen Handwerkerjob nachgehen, zur Arbeiterklasse gehören.

Von den sozialen Klassen unterschieden werden *soziale Schichten*. Der Begriff geht auf Theodor Geiger (1891-1952) zurück, der Unterschiede zwischen Gruppen mit Merkmalen, die den Status ausmachen, beschrieb. Dabei nahm er vor allem das Problem der Mentalitäten ins Visier. Für Menschen, die zu gleichen Schichten gehören, ist es nicht notwendig, dass politische Orientierung oder Selbsteinordnung mit ‚objektiven' sozialen Lagen übereinstimmen. Auch wenn sich Einkommen und Arbeitsbedingungen angleichen, bleiben *Mentalitätsunterschiede*. So können verarmte Adlige immer noch zur oberen Schicht gehören und arbeitslos und zum Teil mittellos gewordene Geschäftsleute, die durch einen Bankrott gegangen sind, zur Mittelschicht, auch wenn sie ökonomisch eher der unteren Klasse angehören. Hier spielen die Lebensart, der Stand und die Herkunft eine größere Rolle als die gegenwärtige ökonomische Lage.

Heute teilt man Gruppen von Menschen gerne in *Milieus* ein. Ein soziales Milieu beschreibt die Gesamtheit der räumlichen, kulturellen und sozialen Bedingungen, die ein Individuum prägen. Zu den sozialen Bedingungen gehören z.b. Normen, Gesetze sowie wirtschaftliche und politische Bedingungen.

Die Stadt kennt alle diese Gruppen und bietet jeder von ihnen Raum zur Entfaltung. Oft sind diese Räume auch geographisch voneinander getrennt.

2.5. Die Frage nach der Macht

Urbane Räume sind Gestaltungsräume. Und es sind Machtfaktoren, die den Raum so oder anders werden lassen. Macht ist in diesem Zusammenhang nicht mehr als „eine Kapazität zum Handeln"[36]. Walter Wink macht in seiner Studie zur Macht in der Bibel deutlich, dass Gott Macht schuf, damit diese zum Wohl der Menschen und der Gesellschaft gebraucht wird.[37] Erst wenn Menschen Macht haben, können sie handeln. Und immer wenn Gott Menschen einen Auftrag erteilt, verbindet er seinen Auftrag mit der Verleihung einer entsprechenden Vollmacht. Auch die Organisation und Lebensgestaltung in der Stadt kommt nicht ohne Macht aus. Wo in der Stadt Leben gestaltet wird,

---

36 C.F.A. Pierce: *Activism Makes Sense. Congregations and Community Organizations.* (Chicago: ACTA, 1984), 32.
37 Walter Wink: *Naming the Powers. The Language of Power in the New Testament.* (Philadelphia: Fortress, 1984), 5.

da üben Menschen Macht aus. Und wer die Macht hat, hat das Sagen. Wer aber ohne Macht ist, bleibt machtlos, ohnmächtig.

Aber Macht korrumpiert, und Macht wird korrumpiert. Unter der Macht der Sünde wird die Ausübung von Macht in der Gesellschaft zu einem Akt, der immer wieder einer entsprechenden Korrektur bedarf. Ein Sinnbild der Macht, die aus dem Ruder läuft, ist das antike Babylon. Hier, am Euphrat im heutigen Irak, zogen Menschen aus der damaligen Welt zusammen. Das fruchtbare Euphrattal versprach allen Wohlstand. Sie nannten ihre Stadt Babylon, was in der akkadischen Sprache so etwas wie Tor zu Gott oder Gottestor heißt. Und hier beschlossen die Babylonier, gemeinsam einen Turm zu bauen, berichtet uns die Bibel. In Gen. 11,1-4 heißt es:

„Alle Menschen hatten die gleiche Sprache und gebrauchten die gleichen Worte. Als sie von Osten aufbrachen, fanden sie eine Ebene im Land Schinar und siedelten sich dort an. Sie sagten zueinander: Auf, formen wir Lehmziegel, und brennen wir sie zu Backsteinen. So dienten ihnen gebrannte Ziegel als Steine und Erdpech als Mörtel. Dann sagten sie: Auf, bauen wir uns eine Stadt und einen Turm mit einer Spitze bis zum Himmel, und machen wir uns damit einen Namen, dann werden wir uns nicht über die ganze Erde zerstreuen."

Sie hatten noch die katastrophale Urflut in Erinnerung, die nahezu den gesamten Lebensraum ihrer Vorfahren zerstörte. Gott musste Noah und seine Familie retten. Sonst wären auch sie nicht mehr da. Aber auf Gottes Gnade angewiesen zu sein schränkte ein. Er hatte ihnen einen Befehl gegeben. Sie sollten sich über die Erde ausbreiten, sich mehren und über sie herrschen (Gen. 1,27-28). Das forderte heraus, zwang ihnen Gottes Willen auf. Und so wuchs in ihnen jenes Verlangen, das unsere ganze Menschheitsgeschichte auszeichnet – ohne Gott leben zu wollen. Sie kamen auf den dummen Gedanken, ebenjenen Turm zu Babel zu bauen, der bis zum Himmel reichte. So glaubten sie, den Himmel in ihre Wirklichkeit holen zu können. Und das dank eigener Bemühung. Ohne Gott. Ja, sogar gegen Gott! Wir wissen, was daraus wurde – aus Babylon wurde Babel, aus dem Tor zu Gott Wirrsal, denn Gott hatte ihre Sprache verwirrt, und so konnten sie sich nicht mehr verstehen (Gen. 11,9).

Im Neuen Testament steht der Name der Stadt Babylon für eine widergöttliche, urbane Welt, die sich Gott widersetzt. Sie ist ein Hort der Sünde und der Dekadenz – eine Hure, auf deren Stirn geschrieben steht: „Babylon die Große, die Mutter der Huren und der abscheulichen Dinge der Erde" (Off. 17,3-5). Babylon ist der Ort, an dem die Menschen ihr eigenes Glück in die Hand nehmen. Nicht Gott, sie selbst wollen für ihr Leben Verantwortung tragen.

Und wie damals in Babylon, so streben auch heute Menschen in der Stadt nach Eigenbestimmung und Selbstverwirklichung. Fragt man einen Menschen vom Land, der in die Stadt gezogen ist, warum dieser denn alle Vorteile eines Lebens auf dem Land verlassen habe, dann antwortet dieser in der Regel so wie Roberto, der junge Bauernsohn, der dem Leben auf dem väterlichen Hof den Rücken kehrte:

„In der Stadt kannst du eher jemand werden. Hier gibt es Chancen, Geld zu verdienen und reich zu werden. Hier kannst du Tag und Nacht Spaß haben und das Leben genießen. Auf dem Land hast du nur die harte Arbeit. Ich habe das Dorf satt."

In der Stadt lernt man, an sich selbst zu glauben, Leben zu wagen, ja sogar waghalsig zu werden. So jedenfalls die Mund-zu-Mund-Reklame. Die Stadt mit ihren tausend Möglichkeiten lässt Träume entstehen. Hier kann jeder etwas werden. Man muss nur wollen und ein Quäntchen Glück haben. Oder den richtigen Riecher, die richtige Idee – oder schlicht und einfach den richtigen Mann oder die richtige Frau treffen. Schließlich gibt es immer wieder jene berühmten Tellerwäscher, die es zum Multimillionär geschafft haben. Warum nicht auch ich?

Freilich hat die Stadt schon viele Menschen kommen und gehen sehen. Nirgendwo sonst sind so viele Träume so schnell gestorben wie in der Stadt. Und doch bleibt sie bis heute der Ort, an dem Millionen von Menschen ihr Glück suchen. Wo sonst, wenn nicht hier, müssen Christen ihr Zeugnis aufrichten. Nichts in der Stadt wird so dringend gebraucht wie eine lebendige Gemeinde, eine Gemeinde, die alle sozialen Klassen und Schichten, Millieus und Gruppen mit dem glücklich machenden Evangelium von Jesus Christus erreicht. Wie aber werden solche Gemeinden gebaut? Was sind die Gemeindebauprinzipien, die unbedingt beachtet werden wollen, wenn Gemeinden Licht im Dunkel der Stadt werden sollen? In den nächsten Kapiteln sehen wir uns die Antworten auf diese Fragen etwas näher an.

„Gott sei Dank haben wir uns mit unserer Stadt beschäftigt."
Manfred lernt seinen Stadtteil neu kennen

Manfred, ein älterer Ältester einer bayerischen Freien Großstadtgemeinde, konnte sich kaum beruhigen. Zusammen mit den Studenten unserer Hochschule nahm er an der Sozialraumuntersuchung seiner Stadt teil. Das Ziel der Untersuchung war, herauszufinden, wie das Leben in dem Stadtteil, in dem die Gemeinde gebaut wird, pulsiert, was die Bedürfnisse der Menschen sind und welche Stärken Menschen mitbringen. So erhofften wir uns, Chancen formulieren zu können, die den Gemeindebau qualitativ verbessern würden.

Manfred hatte sich zunächst dagegen gesperrt, einer solchen Untersuchung zuzustimmen. „Was soll die ganze Rennerei und Fragerei. Ich lebe hier seit Jahrzehnten. Wenn jemand den Ort kennt, dann bin ich es. Und außerdem ist unsere Gemeinde ja seit Jahren mit der besten Kinderarbeit im Land unterwegs. Ein weiteres Programm verkraftet unsere Gemeinde sowieso nicht." Aber dann stimmte er doch zu, und anschließend, als die Untersuchung gelaufen war und er die Ergebnisse vor seinen Augen hielt, blieben ihm die Worte weg. Gerade sein so gelobtes Kinderprogramm erwies sich als völlig belanglos für den Ort. Weniger als 2% der Bevölkerung des Stadtteils, für den die Gemeinde seit Jahrzehnten betete und von denen sie hoffte, sie eines Tages für Jesus zu gewinnen, bestand aus Familien. Schlicht und einfach gesagt

– es gab im Stadtteil keine Kinder, über die man die Bevölkerung hätte gewinnen können. „Jetzt verstehe ich auch, warum die meisten Kinder in unseren Programmen aus den umliegenden Dörfern Woche für Woche in die Stadt gefahren werden müssen", sagte der völlig verdutzte Älteste. „Wie wollen wir über dieses Programm Menschen für Jesus gewinnen, wenn alle Grundlagen, ein solches Programm erfolgreich aufzustellen, fehlen?"

Die Ortsanalyse hatte natürlich nicht nur diese Tatsache ans Tageslicht gebracht. Auch in anderer Hinsicht entsprach das Bevölkerungsprofil wenig dem Angebot der Gemeinde. Diese schien seit Jahren an den Menschen vorbei Gemeinde zu bauen. Die Annahme, dass das, was man anbot, auch bei den Einwohnern ankommen müsse, erwies sich als falsch und erklärte, warum die Gemeinde sich so erfolglos um die Menschen vor Ort bemühte. Manfred, ein leidenschaftlicher Angler, brachte es auf den Punkt: „Wir haben den Köder auf den Haken gehängt, der uns schmeckt. Aber so wird man keinen Fisch aus dem Wasser ziehen. Keinem Fisch der Welt schmeckt, was einem Angler schmeckt. Gott sei Dank haben wir uns mit unserer Stadt beschäftigt. Es ist zwar viel Arbeit, und manches muss neu gedacht und organisiert werden, aber dafür haben wir gelernt, wo wir ansetzen müssen, um die Menschen in unserer Stadt zu erreichen."

Fragen zur Weiterarbeit:

1. Was zeichnet Städte aus? Was macht eine Stadt zur Stadt?
2. Welche Kräfte gestalten städtisches Leben?
3. Welche Erfahrungen haben Sie mit städtischen Institutionen gemacht?
4. Wie wichtig sind urbane Systeme für den Gemeindebau in der Stadt?

Kapitel 3

Urgemeinde und die Stadt

3.1. Es begann in der Stadt

Die Geschichte des Christentums ist eng mit der Stadt verbunden. Alles begann in Jerusalem, der Hauptstadt der jüdischen Provinz des Römischen Imperiums, und breitete sich in seinen Anfängen im Römischen Reich vor allem über die Städte aus. In Jerusalem mit den Tausenden verarmten Landlosen – oft ohne jede Existenzsicherung – beginnt die Gemeinde Jesu nach Pfingsten aktiv zu werden. Sie setzt auf Gebet und Zeugnis von dem, was Gott in Jesus Christus getan hat und immer noch tut. Durch dieses Gebet und Zeugnis kommen buchstäblich Tausende von Menschen zum Glauben und erfahren unvorstellbare Wunder durch die Hand der Apostel.

Die Heilung des lahmen Bettlers vor der schönen Pforte des Tempels (Apg. 3,1ff.) ist dafür ein Beispiel. Die Apostel sind bei dieser Tat (a) auf dem Weg zum Gebet, (b) bereit, ihr Leben mit dem Bettler zu teilen, auch wenn sie dabei potenziell selbst in Misskredit geraten, (c) bereit, Zeugen der Heilung des Lahmen zu sein, und (d) in der Lage, Gottes Wunder als Basis für ihre Verkündigung zu nutzen.

„Sieh uns an", forderte Petrus den Mann auf, und als dieser ihn sehnsüchtig anblickte in der Erwartung, eine Gabe zu bekommen, sprach Petrus weiter und stellte klar, dass er zwar kein Silber und Gold habe, aber bereit sei zu geben, was er habe. Das war bei Petrus die Gabe der Heilung. Ohne weiter lange über die Konsequenz seines Handelns nachzudenken, ergriff der Apostel den Lahmen bei seiner rechten Hand, bereit, ihm auf die Beine zu helfen. Freilich, dieser Schritt war alles andere als erlaubt. Nach Lev. 22 durfte man einen ausgesonderten Unreinen, und als solcher galt der Lahme, nicht berühren, ohne Gefahr zu laufen, selbst vom Gottesdienst

ausgeschlossen zu werden.[38] Nur ein Eingriff Gottes konnte den
mutigen Apostel vor der Schande, aus dem Tempel geworfen zu
werden, bewahren.

Petrus setzte aufs Ganze. Er riskierte seinen Ruf und seine Stellung
in der Stadt. Und wurde von Gott belohnt. Der Mann wurde gesund
und lief voller Freude über das gerade Geschehene in den Tempel.
Hier kannte ihn jeder. Seit langer Zeit hatte er sie alle um Almosen
gebeten. Und jetzt konnte er gehen. Die Nachricht verbreitete sich
wie ein Lauffeuer. Menschen, neugierig, wie wir sind, umringten den
Glücklichen. Und als der Lahme Petrus und Johannes sah, zeigte er
auf sie. Durch ihre Hände hatte Gott gehandelt. Die Situation war
überwältigend günstig, den Namen Jesu zu verkündigen, und Petrus
ergriff die Chance und hielt seine zweite Predigt in Jerusalem. Er war
jung (vermutlich 26 Jahre alt), theologisch wenig gebildet (Fischer
wie er hatten eine nur sehr begrenzte schulische Bildung), und doch
wirkten seine Worte wie Donnerschläge auf die Zuhörer. 5000
Menschen, vermutlich ein Zehntel der Gesamtbevölkerung der Stadt,
kamen durch diese Rede zum Glauben.

Spätestens jetzt weiß jeder in Jerusalem, dass das Evangelium, wie es
der gekreuzigte Nazarener Jesus predigte, in die Stadt zurückgekehrt
ist. Täglich kommen nun Menschen zum Glauben. Und die junge
Gemeinde kümmert sich um sie. Sie öffnen ihre Häuser, geben den
Menschen einen Sinn, das Gefühl der Zugehörigkeit, essen mit ihnen,
lehren sie (Apg. 2,42) und legen ein gewaltiges Versorgungswerk für
die Mittellosen in der Stadt auf. In den ersten Tagen ihrer Existenz
schafft es die junge Gemeinde, die urbane Bevölkerung der Stadt
buchstäblich in Aufruhr zu versetzen. Freilich ruft das Widerstand
auf den Plan. Die Apostel werden verhaftet, und Verfolgung setzt ein.
Schon bald stirbt mit Stephanus auch der erste Märtyrer. Aber das
Evangelium ist in der Stadt angekommen, und von hier aus nimmt es
seinen Siegeslauf durch das Römische Reich auf.

---

38   Siehe zu dieser Reinigungsvorschrift unter anderem: Lev. 22,1-9.

Schon bald nach der Gründung der ersten Gemeinde in Jerusalem gab es christliche Gemeinden in Antiochien am Orontes, Ephesus, Athen und Korinth und nicht zuletzt in Rom. Der neue Glaube erreichte Arme und Reiche, Sklaven und Herrscher. Und die Städte wurden bald zu Zentren regen Glaubenslebens. Ein wunderschönes Zeugnis über die Beziehung der Christen zu den Städten des Römischen Reiches findet sich im anonymen Brief an Diognet aus dem zweiten Jahrhundert. Hier lesen wir[39]:

„Denn Christen unterscheiden sich weder durch Sprache und Sitte von den anderen Menschen. Sie bewohnen keine eigenen Städte, sprechen keine besondere Sprache und führen kein absonderliches Leben. Ihre Lehre wurde nicht durch Einfall oder Scharfsinn vorwitziger Menschen aufgebracht. Sie bewohnen griechische und ausländische Städte, wie es ihnen das Schicksal beschied. Sie folgen der Landessitte in Kleidung, Nahrung und der sonstigen Lebensart. Sie legen dabei eine wunderbare und sicherlich überraschende Lebensweise an den Tag. Sie bewohnen jeder sein Vaterland, aber wie Fremde. Jede Fremde ist ihnen Heimat, und jede Heimat ist ihnen eine Fremde. Sie heiraten und haben Kinder wie jedermann, setzen aber die neugeborenen Kinder nicht aus. Sie haben einen gemeinsamen Tisch, aber kein gemeinsames Lager. Sie leben ‚im Fleisch‘, aber nicht ‚nach dem Fleisch‘. Sie leben auf Erden, aber sind Bürger des Himmels. Sie gehorchen den bestehenden Gesetzen und überbieten sie in ihrem Lebenswandel. Sie lieben alle, werden aber von allen verfolgt. Sie sind unbekannt und verdammt, man tötet sie und bringt sie dadurch zum Leben. Sie haben Mangel an allem, und haben doch an allem Überfluss. Sie werden missachtet und in jeder Missachtung verherrlicht. Sie werden geschmäht und doch als gerecht gefunden. Sie werden gekränkt und segnen. Sie werden verspottet und erweisen Ehre. Sie tun Gutes und werden wie Übeltäter bestraft. Sie werden mit dem Tode bestraft und freuen sich, als würden sie zum Leben erweckt. Von den Juden werden sie angefeindet als Fremde, und von den Griechen werden

---

39 Vgl. Bakke, *The Urban Christian*, 190.

sie verfolgt, doch einen Grund für die Feindschaft vermögen die Hasser nicht anzugeben. Um es kurz zu sagen, was im Leibe die Seele tut, das sind in der Welt die Christen. Wie die Seele über alle Glieder des Leibes, so sind die Christen über alle Städte der Welt verbreitet. Die Seele wohnt zwar im Leibe, doch stammt sie nicht von dem Leib, so wohnen die Christen zwar in der Welt, sind aber nicht von der Welt."

Das Christentum des ersten Jahrhunders war also zunächst und vor allem städtisch. Hier fand der neue Glaube die Voraussetzungen, die es schließlich zu einer anerkannten Religion, einer *religia legitima*, des gesamten Römischen Reiches machte – und weit darüber hinaus zur größten und einflussreichsten Weltreligion werden ließ.

3.2. Der urbane Charakter der Urgemeinde

Die antike Stadt hat zweifelsfrei die christliche Gemeinde geprägt. Diese wurde *ekklesia* genannt (siehe Mt. 16,18). So bezeichneten die Griechen die Vollversammlung aller wahlberechtigten Bürger ihrer Stadt-Staaten.[40] Die Ekklesia war eine Art demokratisches Bürger-Parlament, das für alle wichtigen Belange des Lebens in der Stadt Verantwortung trug. Was hier beschlossen wurde, musste getan werden! Freilich konnten nur Menschen, die als Bürger der Stadt anerkannt waren, zur Ekklesia dazukommen. Der spätere Apostel Paulus war zum Beispiel ein Bürger der Stadt Rom – eine Tatsache, die ihm nach seiner Verhaftung in Jerusalem das Leben rettete (siehe Apg. 16,37). Die Bürgerschaft der jeweiligen Stadt gab der Stadt ihr besonderes Gepräge. Und die christliche Gemeinde, die nun provozierend ebenfalls *ekklesia* genannt wurde, entwickelte sich ähnlich. Sie war in jeder Hinsicht eine Versammlung der Gläubigen, die mit ihren Gaben und Fähigkeiten, aber auch ihrer kulturellen Prägung der Gemeinschaft vor Ort einen besonderen Stempel aufdrückten.

---

40   Siehe mehr in Reimer, *Die Welt umarmen*, 42-43.

Die Schriften des Neuen Testaments berichten uns von vielfältigen Formen des gemeindlichen Lebens.[41] Allein der direkte Vergleich der Struktur und Leitung der Gemeinden in Jerusalem, Antiochien, Ephesus und Rom zeigt eine erstaunliche Vielfalt von Formen und Leitungsmodellen. Versammelten sich die Gläubigen in Jerusalem im Tempel und den Häusern (Apg. 2,42ff), so ist das in Ephesus eine heidnische Schule des Tyranus (Apg. 19,8-10), und in Rom sind es private Häuser (siehe die Auflistung in Röm. 16). Wurde die Gemeinde in Jerusalem durch Apostel, Diakone und später Älteste (Apg. 6,1 und 22,1) geleitet, so sind es in Antiochien Lehrer und Propheten (Apg. 13,1) und in Ephesus Apostel, Propheten, Evangelisten, Hirten und Lehrer (Eph. 4,11), die der Gemeinde vorstehen, während in Rom vermutlich Vorsteher und Hausväter Gemeindeleiter waren (Röm. 16,1ff). Man wird den Eindruck nicht los, dass hier die multikontextuelle urbane Welt der jeweiligen Gemeinde ihre kontextbezogene Prägung gibt. Und es ist offensichtlich so gewollt, nimmt man das Wort des Apostels Paulus an die Korinther in 1Kor. 9,19-22 ernst. Er will darin regelrecht den Juden ein Jude und den Griechen ein Grieche, ja sogar den Barbaren ein Barbare sein, um wenigstens einige von ihnen für Christus zu gewinnen. Die Kontextualisierung, die Anpassung des christlichen Angebots an den urbanen Kontext, ist hier kein Zufall, sondern Programm. Die christliche Gemeinde ist dabei jedoch nicht eine an den Kontext angepasste Gemeinschaft, sondern eine den Menschen verständliche Kontrastgesellschaft, wie das oben zitierte Zeugnis aus dem zweiten Jahrhundert deutlich belegt.

3.3. Urban, multikulturell und missional

Städte in der Antike waren Orte regen religiös-geprägten, kulturellen Lebens. Menschen unterschiedlichster Herkunft und religiöser Überzeugung lebten auf engem Raum zusammen, teilten sich einander

---

41 Siehe hierzu die herausragende Studie von Eduard Schweizer: *Gemeinde und Gemeindeordnung im Neuen Testament.* (Zürich: Zwingli-Verlag, 1959), 3-28.

mit und schufen somit immer wieder neue Formen des Glaubens und Zusammenlebens.

Antiochien am Orontes ist in vielerlei Hinsicht hierfür ein Beispiel. Diese Stadt wurde im Jahre 307 v. Chr. von Antigonos gegründet und dann im Jahre 300 v. Chr. von Seleukus I. nach seinem Sieg über Antigonos an den Orontes verlegt und neu aufgebaut. Er nannte sie nach seinem Vater Antiochus Antiochia. Die Seleukiden richteten hier die Hauptstadt ihres Reiches ein, und so entwickelte sich Antiochien zu einer der bedeutendsten Städte in der antiken Welt. Die Stadt zeichnete sich durch die vielen Völker aus, die hier in Frieden miteinander lebten. Im Jahre 64 n. Chr. eroberte der römische Heeresführer Pompeus die Stadt, und seither gehörte sie zum Römischen Reich und wurde zur Hauptstadt der römischen Provinz Syria. Die Stadt zählte eine halbe Millionen Einwohner und gehörte zu den vier größten Städten des Römischen Reiches. Bis zu 50 000 Juden sollen in der Stadt gelebt haben.[42] Hier fanden sie Arbeit und nicht selten auch Wohlstand. Sie war eine der wichtigsten Städte des Reiches, ein bedeutender Verwaltungsort und ein bedeutendes Industriezentrum.[43]

Der Evangelist Lukas berichtet, dass die ersten Jünger Jesu in Folge der durch den Mord an Stephanus entstandenen Verfolgung nach Antiochien kamen und es hellenistische Mitglieder der Gemeinde aus Jerusalem gewesen sind, die ursprünglich aus Zypern und Kyrene stammten, die in Antiochien auch unter den Griechen predigten und diese erfolgreich zum Glauben an Jesus führten (Apg. 11,19ff.). Die multikulturelle und multisoziale Zusammensetzung der Christusanhänger in der Stadt lässt sich sehr schön an der Zusammensetzung der Leitung der Gemeinde erkennen. In Apg. 13,1

---

42 Jürgen Becker: Paulus. *Der Apostel der Völker.* (Tübingen: Mohr-Siebeck, 1989), 89.

43 Zur Geschichte siehe einen Überblick in: Wolfram Hoepfner: „Antiochia die Große". Geschichte einer antiken Stadt. In: *Antike Welt.* 35/2004/2, 3-9; Frederick F. Bruce: Zeitgeschichte des Neuen Testaments. Bd. 1. (Wuppertal: Brockhaus, 1976), 66ff.

heißt es: „Es waren aber in Antiochien in der Gemeinde Propheten und Lehrer, nämlich Barnabas und Simeon, genannt Niger, und Luzius von Kyrene und Manahen, der mit dem Landesfürsten Herodes erzogen worden war, und Saulus." Allein an den Namen wird deutlich, dass wir es hier mit einer recht bunt gemischten Gruppe zu tun haben. Während Barnabas und Saulus eindeutig und Manahen vermutlich jüdischer Herkunft sind, ist Simeon der Niger vermutlich afrikanischer Herkunft. Vielleicht ist auch Luzius ein Afrikaner, denn Kyrene befand sich in Nordafrika. Ähnlich sah ihre soziale Herkunft aus: Barnabas ist ein Levit aus Jerusalem, Saulus ein gelehrter römischer Bürger aus Tarsus in Syrien, Manahen wuchs am Hof des Königs Herodes auf, und die beiden Afrikaner mögen sogar Sklaven gewesen sein.

Die Gemeinde in Antiochien war also alles andere als monokulturell. Menschen unterschiedlicher Herkunft gehörten dazu. Sie alle einte der gemeinsame Glaube an Jesus, den Erlöser der Welt. Hier in Antiochien begann man die Nachfolger Jesu *christianoi, Christen,* zu nennen (Apg., 11,26). Christsein ist also eine urbane Erscheinung! Und urbanes Christsein war offensichtlich kulturell bunt zusammengestellt.

Aus Antiochien sandte man auf direkte Anweisung des Heiligen Geistes die ersten Missionare in der Gestalt des Barnabas und Paulus in die Welt aus, das Evangelium allen Menschen zu predigen (Apg. 13,1ff.), so wie Jesus es in Mt. 28,19-20 seinen Jüngern befohlen hatte. Christliche Mission begann in der Stadt, und an die städtische Bevölkerung des Reiches ging ihr erster Ruf.

Barnabas und Paulus konzentrierten sich regelrecht auf die Städte des Reiches. Bald schon entstanden Gemeinden in vielen Schlüsselstädten des Reiches. Und unter diesen Städten befanden sich die größten urbanen Zentren des Imperiums. Die Briefe des Apostels Paulus reflektieren diese Tatsache. Ihre Adressaten leben in Rom, Ephesus, Korinth, Philippi, Thessaloniki und Kollossä. Paulus scheint in seiner missionarischen Strategie bewusst Städte anzusteuern, um so Basis-Gemeinden zu gründen, die mit der Zeit auch das städtische

Umfeld erreichen würden.[44] Die Gemeinde in Rom, die nicht von Paulus gegründet wurde, wird nichtsdestoweniger vom Apostel angeschrieben, weil er hier für seine missionarische Expansion in Richtung Spanien eine Basis vermutet (Röm. 15, 22-24).

Dass die paulinische Strategie auch anderswo praktiziert wurde, zeigt unter anderem die Offenbarung des Johannes. Johannes spricht in Off. 2-3 Schlüsselgemeinden in seinem Einflussbereich an. Alle diese Gemeinden liegen in urbanen Zentren Vorderasiens: in Ephesus, Smyrna, Pergamon, Thiatyra, Sardes, Philadelphia und Laodizäa. Auch bei Johannes scheinen diese Städte eine zentrale strategische Rolle für die Missionierung des Reiches zu spielen. Ernst wird sein Ton, wenn er beispielsweise die Christen in Laodizäa davor warnt, durch ihren Lebenstil den Anteil an Gott selbst zu verlieren (Off. 3,14-21).

3.4. Von der Peripherie ins Zentrum

Die Gemeinden im ersten Jahrhundert nach Christus erreichten in ihrer Mehrheit zuerst Menschen in den Städten, und hier die ärmeren Schichten der Gesellschaft. Paulus schreibt an die Korinther:

„Seht doch, Brüder und Schwestern, auf eure Berufung. Nicht viele Weise nach dem Fleisch, nicht viele Mächtige, nicht viele Vornehme sind berufen. Sondern, was töricht ist vor der Welt, das hat Gott erwählt, damit er die Weisen zuschanden mache; und was schwach ist vor der Welt, das hat Gott erwählt, damit er zuschanden mache, was stark ist; und was gering ist vor der Welt und

---

44　Zur paulinischen Strategie des Gemeindebaus siehe unter anderem: Eckhard J. Schnabel: *Paul the Missionary: Realities, Strategies and Methods.* (Downers Grove: IVP, 2008); Eckhard Schnabel: Global Strategies and Local Methods of Missionary Work in the Early Church: Jesus, Peter and Paul. In: *The Church Going Global. Mission and Globalization,* hrsg. von Rormod Engelsviken, Erling Lundeby, Dafin Solheim. (Oxford: Regnum, 2011), 36-44; Roland Allen: *Missionary Methods: St. Pauls or Our´s?* (Grand Rapids, MI: Eerdmans, 1962), 12.

was verachtet ist, das hat Gott erwählt, was nichts ist, damit er zunichtemache, was etwas ist, auf dass sich kein Mensch vor Gott rühme." (1Kor. 1,26-29.)

Nicht die Elite Korinths ist in der Gemeinde, sondern eher die marginalisierten Armen. Sie sind es, die das Evangelium hören und Christus nachfolgen. Und Paulus scheint sogar sagen zu wollen, dass darin Gottes Strategie zu sehen ist. Die Menschen am Rand der Gesellschaft sind von sich aus keineswegs fähig, in der Stadt zu beeindrucken. Sie sind allenfalls zur Last geworden, die das Gemeinwesen zu tragen hat. In keiner anderen Schicht der Gesellschaft ist so offensichtlich, dass nur ein göttliches Eingreifen die Betroffenen retten und aufbauen kann. Hier kann Jesus Christus wirken, weil hier seine Hilfe den letzten Halm darstellt, an dem sich die im Suff des Lebens versinkenden Menschen halten können. Und wenn dann das Wunder geschieht und die Unweisen zu Weisen, die Ungerechten und Kriminellen zu gerechten und heiligen Bürgern der Stadt werden – dann ist die Überraschung perfekt.

Gemeindeaufbau von den Rändern her kommt ohne göttliche Eingriffe nicht aus. Das macht den Erfolg der Christen in den ersten Jahrhunderten verständlich. An den Armen der Welt konstituiert Gott sein Exempel. Und das wird von allen gesehen, von allen wahrgenommen. Christen sind Licht der Welt, und die Leuchte ist da hingestellt, wo sie allen – und zwar maximal – leuchten kann (Mt. 5,14-15).

Seit den ersten Tagen in Jerusalem sind es die Menschen am Rand der Gesellschaft, die die gute Nachricht als Erstes vernehmen. Sie sind es, die geheilt, wiederhergestellt und sozial aufgewertet werden. Und das Neue Testament erzählt ihre Geschichten. Die Geschichte des Sklaven Onesimus, der sein armseliges Sklavendasein satt hatte und aus dem Haus seines Herrn Philemon floh, ist eine solche Geschichte. Auf der Flucht muss er wohl ins Gefängnis gelangt sein und traf hier auf Paulus, hörte von ihm das Evangelium, bekehrte sich und erlebte, wie Gott ihn änderte. Paulus drückt das in seinem Brief an Philemon so aus: „Er war früher unnütz, jetzt ist er aber

nützlich geworden" (Phil. 1,11). Sein neuer Glaube versetzt ihn in
den Stand, sogar seinen Sklavenstatus zu akzeptieren und darin
die Chance zu sehen, dem Evangelium Raum zu geben. Mit einem
Empfehlungsbrief von Paulus kehrt er zu seinem Herrn Philemon
zurück. Philemon selbst ist ebenfalls Christ geworden. Und zwei
Menschen auf völlig unterschiedlichen sozialen und ökonomischen
Stufen werden zu Brüdern, die ab nun zu einer Familie gehören. Denn
so soll der Sklavenbesitzer Philemon Onesimus aufnehmen „nicht
länger als Sklaven, sondern als einen geliebten Bruder" (Phil. 1,16).
Die Geschichte des Onesimus war eine von Tausenden. Sklaven kamen
zum Glauben an Jesus und beeindruckten ihre Herrschaften durch
einen völlig veränderten Lebenswandel. So kamen dann auch diese
zum Glauben an Jesus und damit zur Gemeinde. Und oft waren es
dann diese reichen Familien, die ihre Herrenhäuser öffneten und darin
Gemeinde bauten. Zu Philemon schreibt Paulus, er solle die Gemeinde
grüßen, „die in deinem Hause ist" (Phil. 1,2).

3.5. Familie im Zentrum

Gemeinde Jesu begann in der Stadt. Sie wandte sich an ihre
Einwohner. Und sie tat das zunächst und vor allem in den vier
Wänden des privaten Hauses. In Jerusalem versammelten sich die
Jesus-Nachfolger in den Häusern (Apg. 2,42) zum Brotbrechen, zum
Gebet und zur Jüngerschaftserziehung. Im Haus von Aquila und
Priscilla fanden Gottesdienste statt (Röm. 16,3). Paulus nennt eine
ganze Reihe Namen (Röm. 16,3-14), die, so die einhellige Meinung
der Ausleger, für Hausgemeinden in ihren Häusern stehen.[45] Die
Gelehrten sind sich weitgehend einig – das Christentum entwickelte
sich in den ersten Jahrhunderten in den Häusern der Menschen.
Michael Green sieht in der Hausorientierten Evangelisation den
entscheidenden Faktor für die rasche Ausbreitung des Evangeliums

---

45 Siehe z.B.: Walter Klaiber: *Der Römerbrief.* Neukirchen-Vluyn: Neukirche-
    ner Verlag, 2012); Klaus Haacker: *Der Brief des Paulus an die Römer.* (Leip-
    zig: EVA, 2002.)

im Römischen Reich.[46] Thomas A. Wolf fasst zusammen: „Die Norm der Evangelisation in der frühen Kirche ist Oikos-Evangelisation."[47] Gemeindehäuser, Versammlungsplätze, wie sie heute kirchliches Leben auszeichnen, gab es nicht. Nachweislich stammen die ersten Kirchengebäude aus dem vierten Jahrhundert. Urbane Gemeinde der ersten Jahrhunderte war eine Gemeinde, die sich im privaten Haus versammelte.

Freilich, einer der Gründe, warum die Mission der ersten Christen im Privaten stattfand, war die prinzipiell feindliche Haltung der Gesellschaft den Christen gegenüber. Schreckliche Verfolgungswellen, angeführt von römischen Kaisern, legten sich in den ersten vier Jahrhunderten über das junge Christentum. Der private Raum schien der einzig sichere Platz für Verkündigung und Gemeindebau. Aber Verfolgung als Grund für die Konzentration des Gemeindebaus auf das private Haus wird an keiner Stelle im Neuen Testament erwähnt. Jesus z.B. sendet seine Jünger zu den verlorenen Schafen des Hauses Israel und befielt ihnen, in die Häuser eines Ortes zu gehen, Frieden weiterzugeben und in dem Haus zu bleiben, in dem der Friede angenommen wird. Von hier aus sollten sie für die Kranken des Ortes beten und das Evangelium verkündigen.

Das Haus des Friedens vor Ort sollte im Konzept Jesu zu einer Basis für die Evangelisation vor Ort werden. Die Idee war einfach und zugleich genial. Eine am Ort bekannte und weit akzeptierte Familie hatte ihre natürlichen Kontakte. Man vertraute einer solchen Familie. Die fremden Missionare genossen kein Vertrauen bei der einheimischen Bevölkerung, die lokale Familie schon.

Es ist diese besondere Situation einer Familie in der unmittelbaren Nachbarschaft, die sie zu einem idealen sozialen Raum für die Ver-

---

46 Michael Green: *Evangelisation zur Zeit der ersten Christen. Motivation, Methodik und Strategie.* (Stuttgart: Hänssler, 1970), 240.
47 Thomas A. Wolf: *Oikos Evangelism: The Biblical Pattern.* In: http://gracefamilyinfo.org/attachments/OikosEvangelism.pdf (letzter Zugriff: 20.10.2017).

kündigung des Evangeliums macht. Das von Jesus vorgestellte Modell wurde später genau so von den Jüngern angewandt. Paulus schreibt beispielsweise an Philemon, er solle einen Raum für ihn vorbereiten, weil er in die lokale Gemeinde kommen möchte. Und dies ist im Haus des Philemon (Phil. 1).

Der private Raum steht im Mittelpunkt der Gemeindeentwicklung in den ersten Jahrhunderten, weil die Familie den besten missionarischen Ort bot, den man sich im Römischen Reich vorstellen konnte.[48]

3.6. Ekklesia vor Ort in vielerlei Gestalt

Antike Städte wie Antiochien, Ephesus, Korinth oder Rom waren Großstädte mit einem eigenen Profil und eigener Kultur. Die römische imperiale Verwaltung setzte zwar überall griechisch-römische Vorstellungen durch. Aber wenn das gelang, dann nur unter der urbanen Elite. Gerade die ärmeren und marginalisierten Schichten der Bevölkerung lebten in der eigenen Parallelwelt. Als Beispiel hierfür kann die jüdische Diaspora dienen. Hier entwickelte sich ein eigenes religiöses und kulturelles Leben. In diesen Parallelwelten konnte sich das Evangelium trotz aller Verfolgung durch den Staat und im Schutz einer auf die Familie konzentrierten Mission schnell ausbreiten. Freilich führte das aber auch zu einer Vielfalt von Formen und Erscheinungstypen der Gemeinde, wie sie uns auch schon die Lektüre der Schriften des Neuen Testaments deutlich offenbart. Es ist wohl auch diese Vielfalt, die die Gemeinden vor dem effektiven Zugriff eines feindlich gesonnenen Staates bewahrte und langfristig die Zukunft der jungen Bewegung sicherte.

Aus diesem kurzen Überblick zum Gemeindeaufbau in der Urgemeinde lernen wir:

---

48 Siehe mehr in Johannes Reimer: *Familie – Zukunft der Welt. Zur Korrelation zwischen Familie und Mission.* (Marburg: Francke Verlag, 2017), 86-102.

a. Die christliche Gemeinde des ersten Jahrhunderts ist vor allem eine urbane Gemeinde, und sie breitet sich im Römischen Reich durch die diasporalen Gemeinschaften in der Stadt aus.

b. Der Ort des Gemeindelebens in der Urgemeinde ist zunächst und vor allem das private Haus. Hier werden Menschen für den Glauben gewonnen und entsprechend geschult.

c. Die Gemeinde existiert als pluriforme Bewegung, die sich inhaltlich auf Jesus und seine Lehre bezieht, formal aber den Kontext, in dem sie sich ausbreitet, abbildet.

„Die waren alle effektiver als wir."
Nikolai wundert sich

Christen gehen gerne den Spuren ihrer Geschichte nach. Erst recht, wenn es die Geschichte der ersten Jünger Jesu ist. Nikolai aus Kiew kam gerade von einer solchen Tour durch den Mittelmeerraum und Israel, als wir uns in seiner Heimatstadt trafen. Es gab viel zu erzählen. „Eines muss ich dir allerdings sagen, Johannes", warf Nikolai in unserem Gespräch ein. „Die Gemeinden im ersten Jahrhundert sahen nicht so aus wie unsere hier in der Ukraine." Ich hakte nach, und dann fing er an zu erzählen: „Wir waren nun in vielen Orten und haben mehr als zehn der im Neuen Testament erwähnten Orte besucht. Das Wenige, das man heute noch herausfinden kann, ist genug, um festzustellen, dass diese Gemeinden alle anders aufgebaut waren, unterschiedliche Leitungs- und Gottesdienstformen pflegten. Aber sie waren alle um Welten effektiver, als wir es heute sind. Warum wohl?", wollte Nikolai wissen. Wir kamen ins Gespräch, lasen zusammen im Neuen Testament, und allmählich dämmerte es dem Mann, der immer für die eine „biblische Form" seiner Gemeinde eintrat, dass es eine solche Form im Neuen Testament gar nicht gibt und vom Wesen der Gemeinde her auch nicht geben kann. „Dann ist es doch in Ordnung, wenn andere Gemeinden Lieder singen, die wir nicht singen, Liturgien praktizieren, die wir nicht praktizieren würden, sakrale Formen kultivieren, die wir niemals befürworten würden?", wollte er wissen. Und ich antwortete: „Ja, es sei denn, dass das, was wir oder die anderen den Menschen da anbieten, von diesen weder verstanden noch angenommen werden kann. Dann haben wir unser Ziel verfehlt. Das Wort muss Fleisch werden und muss von den Menschen verstanden und gesehen werden, damit sie die Herrlichkeit Jesu sehen können. So war es bei Jesus, und so bleibt es bei uns, seiner Gemeinde."

Fragen zur Weiterarbeit:

1. Der christliche Glaube begann in der Stadt. Welche Faktoren haben die Entwicklung der jungen Glaubensbewegung beflügelt?
2. Die ersten Jahrhunderte christlicher Geschichte waren durch brutale Verfolgung der Christen bestimmt. Was hat die junge Bewegung vor der Vernichtung bewahrt?
3. Städtisches Christsein im ersten Jahrhundert entwickelte sich in den Familien und der Nachbarschaft. Warum war das damals so wichtig?
4. Wie kam das frühe Christentum zu seiner enormen Vielfalt? Warum war diese Vielfalt wichtig?

Kapitel 4

Gemeindeaufbau – was ist gemeint?

4.1. Gemeindeaufbau – was ist gemeint?

In diesem Buch geht es um kirchlichen Gemeindeaufbau in der Stadt. Was ist aber unter Gemeindeaufbau zu verstehen? Schon ein oberflächlicher Überblick der zum Thema verfassten Literatur macht deutlich, wie unterschiedlich man den Begriff benutzen kann. Während die einen damit eigentlich Gemeindeentwicklung meinen[49], reden andere über den Neuaufbau der Kirche[50], wiederum andere haben eher Gemeindegründung in sozialen Räumen, wo es noch keine kirchliche Präsenz gibt, im Blick. Dabei geht es den Autoren sowohl um die Kirche an sich als auch um ihre speziellen Lokalgemeinden, welcher denominationellen Ausrichtung auch immer. Entsprechend weit ist dann auch das Wortfeld Gemeindeaufbau. Man spricht neben Gemeindeentwicklung/-aufbau auch über Gemeindegründung, Gemeindepflanzung und Gemeindewachstum. Allen scheint es um die Frage zu gehen, wie man denn heute noch Gemeinde im sozialen Raum praktisch leben kann.

In unserem Zusammenhang geht es um die Ermöglichung kirchlichen Lebens im Kontext der Stadt. Diese eher breiter angelegte Perspektive liegt auch diesem Buch zugrunde. Wir fragen demnach, wie man heute effektiv Kirchengemeinden in der Stadt gründen, pflanzen und entwickeln, sprich: zum Wachstum bringen kann?

---

49   Christian Möller: *Lehre vom Gemeindeaufbau.* Bd. 1: Konzepte – Programme – Wege. (Göttingen: Vandenhoeck & Ruprecht, 1987.)
50   Michael Herbst, Hrsg: *Mission bringt Gemeinde in Form. Gemeindepflanzungen und neue Ausdrucksformen gemeindlichen Lebens in einem sich wandelnden Kontext.* (Neukirchen Vluyn: Aussat Verlag, 2007); Reimer: *Die Welt umarmen,* 16ff.

Freilich drücken diese Begriffe nicht nur eine gemeinsame Perspektive, sondern auch immer Aspekte des Ganzen aus. Gemeinde zu gründen meint etwas anderes, als diese zu pflanzen. Und diese zu entwickeln akzentuiert wiederum einen anderen Aspekt als Gemeindeaufbau. Wir gehen auf diese einzelnen Aspekte ein und werden uns sowohl mit der Gründung neuer Gemeinden (Gemeindegründung) als auch deren Entwicklung (Gemeindewachstum) auseinandersetzen. Dabei bleibt die Stadt jedoch immer unser eigentlicher Zielort.

4.2. Territorialer Gemeindebau

Uns geht es um den Gemeindebau in der Stadt und für die Stadt. Nicht der Aufbau eines zufällig am Ort angesiedelten christlichen Zentrums ist im Blick, sondern eine Gemeinde, die die Menschen im sozialen Raum erreicht. In der Literatur unterscheiden wir an dieser Stelle zwischen kategorialem und territorialem Gemeindebau. Während im ersten Fall Menschen einer gewissen sozialen Gruppe aus allen Windrichtungen zum Gottesdienst, der meist als Event gefeiert wird, geladen werden, konzentriert sich der territoriale Ansatz auf die Menschen vor Ort. Nicht die Kirche und ihr Leitungsteam bestimmen hier Stil, Strukturen und Gestalt, sondern der Kontext, der Ort. Während eine kategoriale Gemeinde ihr Gemeindehaus vor Ort hat, ist die territoriale *per definitionem* Ortsgemeinde. Die meisten Landeskirchen sind territorial in Parochien, die meisten Freikirchen kategorial als zielgruppenorientierte Gemeinden organisiert.

Das freikirchliche Modell galt lange Zeit als zukunftsweisend. Im Gegensatz zur Parochie wendet sich dieses Modell an bekennende und aktive Christen. Als Ergebnis sind sie in der Regel Sammelgemeinden und stark nach innen gerichtet. Entsprechend gering ist dann ihre Wirkung nach außen. Uns erscheint eine Kombination der beiden Modelle sinnvoll – eine Bekenntnisgemeinde mit ausgesprochener Konzentration auf das lokale Gemeinwesen. So können im besten Sinn des Wortes Ortsgemeinden entstehen.

Wie baut man Ortsgemeinden in der Stadt? Wie sollten sie gegründet und strukturiert werden, um nicht den vielen Metamorphosen des urbanen Raumes zum Opfer zu fallen? Und wie können sie sich entwickeln, wachsen und gedeihen? Gehen wir den Begriffen einmal einzeln nach.

4.3. Gemeindegründung und Gemeindepflanzung

Der Begriff Gemeindegründung steht für den Aufbau christlicher Gemeinschaft bestimmter Prägung an Orten, an denen eine solche noch nicht existiert. Der Begriff ist eher typisch für den deutschen und hier den freikirchlichen Raum. Das Gemeindeverständnis dieser Kirchen geht in der Regel von der absoluten Priorität der lokalen Kirchengemeinde aus. Man hat deshalb auch keine Mühe mit der Gründung, weil sich darin eine Neukonstituierung der Gemeinde vor Ort äußert.

Kirchen, die viel stärker von der Einheit des Leibes Christi ausgehen, weigern sich dagegen, von der Gründung der Gemeinde zu reden, da die Kirche nicht immer wieder neu gegründet werden kann. Hier benutzt man eher den Begriff Gemeindepflanzung und versteht darunter einen „Prozess, durch den die Saat des Lebens und der Botschaft Jesu Christi, verkörpert durch eine Gemeinschaft von Christen, aus missionarischen Gründen in einen bestimmten kulturellen oder geographischen Kontext eingepflanzt wird. Diese Gemeinschaft soll dort Wurzeln schlagen, damit eine ganz neue, eigenständige und aus dem kulturellen Kontext erwachsene Gestalt des Leibes Christi entsteht. Diese Nachfolger Christi sollen ihrerseits in der Lage sein, den Staffelstab zu übernehmen und sich den missionarischen Auftrag zu eigen zu machen."[51]

Beide Begriffe betonen die Entwicklung einer neuen Gestalt der Kirche im Kontext. Es geht also nicht um bloßes Kopieren einer bestehenden Gemeinschaft in den neuen Ort. Es geht nicht um Klonen. Der britische Gemeindebauexperte Stuart Murray weist auf den grundsätzlichen

---

51 Herbst, *Mission*, 80-81.

Unterschied zwischen dem Pflanzen und dem Klonen einer Gemeinde hin.[52] Er schreibt: „Im Zusammenhang mit Gemeindepflanzung [...] beschreibt das Klonen den Prozess der Replikation von Struktur, Stil, Ethos, Aktivitäten mit dem Ziel der Verwirklichung einer Gemeinde des gleichen Typos. Der Ort, an dem sich die Gemeinde trifft, mag sich verändert haben, aber die Gestalt bleibt die gleiche."[53] Murray bedauert die Tatsache, dass Klonen eher zur Regel als zur Ausnahme im Gemeinde-Neuaufbau gehört.[54]

Gemeindegründung und Pflanzung sind immer ein Beginn einer neuen Gemeindewirklichkeit. Michael Herbst schreibt richtig: „Mit dem Vorgang des Pflanzens untrennbar verbunden sind Bewegung und Veränderung. Die Samen müssen aus der Verpackung genommen und in den Boden des missionarischen Kontextes eingegraben werden, wo die Saat (in diesem Fall das Pflanzungsteam) für das alte Leben und Umfeld ‚stirbt'. Der Same verliert seine ursprüngliche Identität, nämlich die als Teil der aussendenden Gemeinde mit ihrer ganz bestimmten Prägung und Kultur."[55] Das Ziel der Gründung/ Pflanzung einer neuen Gemeinde muss daher immer sein, „... so natürlich wie möglich die Gemeinde in den Kontext einzubinden [...]".[56]

4.4. Gemeindeaufbau, -entwicklung und -wachstum

Von Gemeindegründung und -pflanzung grundsätzlich zu unterscheiden sind Wachstumsbegriffe wie Gemeindewachstum, -aufbau und -entwicklung. Gemeindewachstum beschreibt den Prozess der Entwicklung einer bestehenden Gemeinde im gegebenen Kontext.

---

52 Vgl. Stuart Murray: *Church Planting. Laying foundations.* (Scottsdale: Herald Press, 2001),118-122.
53 Ebd., 120.
54 Ebd., 119.
55 Herbst, *Mission*, 78.
56 Craig Ott and Gene Wilson: *Global Church Planting. Biblical Principles and Best Practices for Multiplication.* (Michigan: Baker Academic, 2011), 65.

Im deutschen Sprachraum wird hierfür auch gerne der Begriff Gemeindeentwicklung[57] und Gemeindeaufbau[58] bemüht. Schon Fritz Schwarz in seinem Versuch, eine Theologie des Gemeindeaufbaus zu formulieren, definierte Gemeindeaufbau als „... alles Handeln, das auf Ereignis- und Gestaltwerden von Ekklesia zielt".[59] Es geht um die Frage, wie man die Kirchengemeinde zum Wachstum nach innen und außen führen kann.

Dabei wird das Wachstum nach innen vor allem durch die Mündigkeit der Gemeindeglieder angezeigt, ganz im Sinne Christian Möllers, der im Gemeindeaufbau vor allem den Aufbau mündiger Gemeinschaft von Nachfolgern Christi sah. Möller schreibt: „Alle Bemühungen um Gemeindeaufbau sollten aber darin übereinstimmen, dass eine Gemeinde angestrebt wird, die so als Zeugnis- und Dienstgemeinschaft lebt, dass möglichst viele Glieder in mündiger Mitarbeit Verantwortung übernehmen und einander helfen, als Christen in der Welt von heute zu leben."[60]

Das Wachstum nach außen, in die Welt hinein, ist dagegen als missionarisches Wachstum zu sehen, als Zugewinn von Menschen, die Christus nicht kannten, jetzt aber, dank der Evangelisation der Gemeinde, ihm bewusst nachfolgen. Gerade angesichts der schwindenden Zahlen von Gemeindegliedern ist diese Frage seit Jahrzehnten von herausragender Bedeutung. Eine Flut von Konzepten ist entwickelt worden. Die weiteste Verbreitung erreichte dabei die nordamerikanische Gemeindewachstumsbewegung *(Church Growth Movement)*, die sich auf die theoretische Arbeit des Missionswissenschaftlers Donald McGavran (1897-1990)

---

57 So z.B. von Christian Schwarz: *Natürliche Gemeindeentwicklung*. (Mainz-Kastell: C&P, 1996.)
58 Fritz Schwarz, Christian Schwarz: *Theologie des Gemeindeaufbaus*. Ein Versuch. (Neukirchen-Vluyn: Aussaat, 1984); Möller, *Lehre vom Gemeindeaufbau*; Reimer, *Die Welt umarmen*; u.a.
59 Schwarz, *Theologie des Gemeindeaufbaus*, 61.
60 Möller, *Lehre vom Gemeindeaufbau*, 60.

stützte.[61] Seine Konzepte waren von Anbeginn stark umstritten, weil sie eher soziologisch den Aufbau zu fördern suchen.[62] Eine solche Organisationsentwicklung hat gewiss ihren Platz, darf aber die theologische Natur der Kirche an sich nicht außer Kraft setzen. Orlando Costas bezeichnete das Gemeindewachstum als ein „multidimensionales Phänomen".[63] Entsprechend muss eine Theorie des Gemeindeaufbaus sich prinzipiell aller Aspekte des Wachstums der Gemeinde annehmen.

4.5. Gemeindeaufbau in der Stadt als Fortpflanzungsprozess

Das Wesen der sich immerfort entwickelnden Stadt verlangt ein flexibles und zugleich integriertes Gemeindeaufbaumodell. Städte sind enorm flexible soziale Räume. Stadtteile, die noch gestern eine bestimmte Bevölkerungsgruppe beherbergten, können schon morgen durch massive Einwanderung radikal verändert werden.

„Früher lebten hier in der Nachbarschaft nur polnische Einwanderer, die Anfang des 20. Jahrhunderts in die Stadt kamen und im Kohlerevier Arbeit fanden", erzählt mir mein älterer Gesprächspartner aus Herne im Ruhrpott. „Heute leben hier nur türkische Gastarbeiter und Alte wie ich, die keine Möglichkeit haben, von hier wegzuziehen. Gut nur, dass wir hier noch unsere Kirche haben." Das stolze Kirchengebäude schmückt tatsächlich den Stadtteil. „Aber es sind nur noch wenige Menschen, die in den Gottesdienst kommen. Die Türken sind ja alle Muslime."

---

61 Siehe vor allem sein grundlegendes Buch *Understanding Church Growth*. (Grand Rapids, 1980), auf Deutsch erschienen unter dem Titel *Gemeindewachstum verstehen. Eine grundlegende Einführung in die Theologie des Gemeindeaufbaus*. (Lörach: Simson Verlag, 1990.)
62 Siehe unter anderem Wilbert Shenk: *Church Growth*. (Grand Rapids, MI: Eerdmans, 1973.)
63 Costas Orlando: *Christ Outside the Gate*. (Grand Rapids: Eerdmans, 1982), 43.

Entwicklungen dieser Art können in allen Städten der Welt beobachtet werden. Städte wandeln sich. Und die Wandlung der sozialen Räume in der Stadt verlangt danach, dass in der DNA urbaner Gemeinden „Neugründung" mit angelegt sein muss, wenn der Fortbestand des Glaubens garantiert werden soll, wie das an mehreren Stellen in der Gemeindepflanzungsliteratur verlangt wird.[64] Die Stadt wird der Gemeinde viel Gestaltungskreativität abverlangen, einen „sensus pro loco et tempore", wie Christian Möller ihn nannte, einen geschärften Sinn für das, was jetzt und hier möglich und was an der Zeit ist.[65] Gemeindeaufbau nach Schema F, nach einer immer gültigen Vorlage, ist letztlich im Kontext der Stadt auf Dauer zum Scheitern verurteilt. Gemeindegründung kann nicht ohne ein fortwährendes Neupflanzen gelingen.[66] Fortpflanzung gehört in die Erbanlage, zur DNA einer wachsenden urbanen Kirche.[67]

Gemeinden in der Stadt sollten daher heute schon über Veränderungen von morgen nachdenken, ihre Strukturen müssen denkbar flexibel aufgebaut werden, um den Wandlungen des Kontextes effektiv begegnen zu können. Sehr treffend beschreibt eine solche DNA der englische Begriff *transforming*, der üblicherweise mit Wandel übersetzt wird.[68] Dabei ist der Unterschied zwischen dem Deutschen und Englischen groß. Während der deutsche Begriff den Wandel immer in Richtung des angestrebten Ziels andeutet, geht es im Englischen um eine reziproke, wechselseitige Entwicklung. *Transforming* deutet den Wandel in Bezug auf die Korrelation zwischen Stadt und Gemeinde sowohl in der Stadt als auch in der Gemeinde selbst an.

Freilich, eine so flexible Arbeit am Bau der Gemeinde verlangt mehr als fähige Mitarbeiter. Sie verlangt nach Gottes Gegenwart, nach einem Verständnis, das letztlich Gottes Geist Gemeinde baut und

---

64　Vgl. Herbst, *Mission*, 77.
65　Möller, *Lehre vom Gemeindeaufbau*, Bd. 2,
66　Ott/Wilson, *Global Church Planting*, 65; Herbst, *Mission*, 65-87.
67　Herbst, *Mission*, S. 220.
68　David J. Bosch: *Mission im Wandel*. (Giessen: Brunnen, 2012.)

nicht Menschen. Gemeinde begann an Pfingsten. Der Geist Gottes ist der wahre und eigentliche Baumeister. Christian Möller schreibt:

„Wenn eine Gemeinde wieder von Herzen in den Ruf ‚Komm, Schöpfer Geist!' einstimmen kann, so mag es ihr geschenkt werden, dass sie die Gegenwart des Heiligen Geistes als das wahrhaft tragende Element und die eigentlich aufbauende Kraft im Gemeindeaufbau erfährt. Gottes Alleinwirksamkeit und des Menschen Tun finden so zusammen."[69]

4.6. Ansätze, Strategien, Methoden

Wie baut man Gemeinde in der Stadt als fortlaufenden Wachstumsprozess auf? Mehrere Modelle sind im Laufe der letzten Jahre vorgeschlagen worden. Diese lassen sich in autonome, integrative und multioptionale Ansätze einteilen.

4.6.1. Autonome Modelle

Das klassische Gemeindebaumodell in der Stadt ist autonom. Hier wird eine Einzelgemeinde nach festgelegten Kriterien gegründet und ausgebaut. In der Regel entstammen diese Regeln, Formen und Inhalte denominationellen Vorentscheidungen, oder sie kopieren erfolgreiche Beispiele aus dem In- und Ausland. Seit Jahrzehnten dominiert die amerikanische Gemeindewachstums-Szene den evangelikalen Gemeindebau weltweit. Die von Donald McGavran begründete Schule empfahl den Gemeinden die konsequente Konzentration auf eine Zielgruppe.[70] Amerikanische Muster-Mega-Gemeinden, so die Saddleback Church in Los Angeles mit ihrem

---

69 Möller, *Lehre vom Gemeindeaufbau*, Bd. 2 (Göttingen: Vandenhoeck & Ruprecht, 1990), 262.

70 Donald McGavran entwickelte seinen Ansatz seit 1955. Seine Bücher bestimmten die Diskussion bis vor wenigen Jahren.

Pastor Rick Warren[71] und die Willow Creek Community Church (WCCC) von Bill Hybels[72], folgen diesem Programm. Auch in Deutschland dominierte der Ansatz über Jahre die Szene, auch dank der Willow-Creek-Leiterschafts-Kongresse.

Städtischer Gemeindeaufbau geschieht allerdings in komplexen und überaus flexiblen sozialen Räumen. Der Versuch, anderswo erfolgreiche Konzepte in solche Räume zu transferieren, erweist sich oft als wenig erfolgversprechend. In der neueren Diskussion erwägt man deshalb völlig unabhängige, aus dem Kontext sich entwickelnde, sprich: emergente Modelle. Brian McLaren spricht in diesem Zusammenhang von der neukonzipierten Gemeinde.[73] Die hier zu bauende Gemeinde wird mehr oder weniger vom Ansatz her neu gedacht und auf den Kontext hin konzipiert, ohne dass andere Modelle dafür zu Rate gezogen werden. Kritiker weisen mit Recht darauf hin, dass ein solches „völlig neues Bauen" nach 2000 Jahren Kirchengeschichte kaum möglich erscheint.

4.6.2. Integrative Modelle

Vertreter integrativer Modelle versuchen dagegen, von positiven Beispielen zu lernen, diese kritisch zu würdigen und, wo nötig, an den Kontext anzupassen. Das an dieser Stelle oft benutzte Bild ist die Vermehrung der Erdbeerpflanze. Diese vermehrt sich ganz natürlich wie Unkraut im Feld. „In unmittelbarer Nähe zur Mutterpflanze wächst ein Ableger heran. Durch eine direkte Verbindung wird die Tochterpflanze ernährt, bis diese eigene Wurzeln gefasst hat."[74] Sobald

---

71 Siehe sein Buch: Rick Warren: *Kirche mit Vision: Gemeinde, die den Auftrag Gottes lebt.* (Asslar: Gerth Medien, 1998).
72 Siehe die Geschichte dieser Gemeinde in: Bill Hybels: Ins Kino gegangen und Gott getroffen. Die Geschichte von Willow Creek. (Projektion J: Wiesbaden, 1996).
73 Brian McLaren: *The Church on the Other Side. Doing Ministry in the Postmodern Matrix.* (Grand Rapids: Zondervan, 2000), 19ff.
74 Bob Hopkins and R. White: *Praxisbuch Gemeinde pflanzen. Auf dem Weg zu einem missions- und menschenorientierten Gemeindebau.* (Neukirchen-Vluyn: Aussaat Verlag, 1999), 13.

das passiert ist, nabelt sich die Mutterpflanze vom Setzling ab, aber nur, um ab jetzt anderen Nahrung zu geben. In diesem Bild gesprochen, werden christliche Gemeinden dafür sorgen, in sich verändernden urbanen Kontexten „neue Formen" kirchlicher Existenz zu gründen.

„Einige Pflanzen vermehren sich, indem Samen durch den Wind ausgesät werden."[75] Mit diesem Bild wird eine Variante beschrieben, in der die Tochtergemeinde geographisch wie auch genetisch in einem größeren Abstand zur Muttergemeinde steht. Auch in dieser wird ein Team, meist deutlich kleiner, an einem neuen Ort gepflanzt als Same, der aber nicht in einer solch engen Verbindung wie ein Ausleger zur Mutterpflanze steht. Die Chance ist größer, dass sich die Tochtergemeinde einpflanzt und nicht klont. Die Muttergemeinde unterstützt die Tochtergemeinde, aber aufgrund der möglicherweise größeren Distanz nicht in dem Umfang wie bei einem Ableger. Die Erfolgsquote dieser Variante ist, dem Bild der Aussaat entsprechend, tendenziell geringer, kann aber quantitativ öfter von der Gemeinde durchgeführt werden.[76]

Man könnte auch von ‚Aufpfropfen' oder ‚Zusammenpflanzen' reden. In dieser Variante können die Aussendung und die Verbindung des Teams der Tochtergemeinde in ähnlicher Variante wie bei der Aussaat erfolgen, nur dass sich das Team aus mehreren Gemeinden zusammensetzt. Durch die Kreuzung mehrerer Muttergemeinden ist die Chance hoch, dass sich die gemeinsame Tochtergemeinde nicht nur klont, da möglicherweise keine einheitlichen Prägungen seitens der Muttergemeinden vorliegen, sondern diese sich in ihren neuen Kontext einpflanzt. Ebenso hoch ist aber auch das Konfliktpotenzial. Die Tochtergemeinde erhält von allen Muttergemeinden Unterstützung, wobei diese unterschiedlich ausfallen kann.[77]

---

75 Hopkins, *Praxisbuch*, 13.
76 Vgl. Bob Hopkins: *Gemeinde pflanzen. Church Planting als missionarisches Konzept.* (Neukirchen-Vluyn: Aussaat Verlag, 1996), 30-31; E.G. Maier: *Handbuch für Gemeindegründung.* (Lichtenstein-Unterhausen: Biblischer Missionsdienst e.V., o.J.), 134f.; Herbst, *Mission*, 210-211.
77 Vgl. Ott/Wilson, Global Church Planting, 140-141; Maier, Handbuch, 131f.; Herbst, Mission, 208-209.

„Ein Gärtner weiß, wie man große Pflanzen teilt, um dann die Hälfte als Setzling an anderer Stelle einzupflanzen."[78] In dieser Variante des Modells wird kein Team ausgesandt, sondern ein größerer Teil der Gemeinde teilt sich ab, um sich an einem anderen Standort direkt als ganze, neue, „fertige" Gemeinde einzupflanzen. Je nach Größe der Teile ist es schwer, zwischen Mutter- und Tochtergemeinde zu unterscheiden. Darin hat diese Variante auch die größte Unterscheidung zu den anderen: Es gibt nach der Teilung nicht mehr „die" Muttergemeinde, die ausgesendet hat. Auch ist die „neue" Gemeinde, sind die „neuen" Gemeinden direkt so groß, dass sie nicht zwangsläufig auf Unterstützung (untereinander) angewiesen sind. Die Wahrscheinlichkeit des Klonens ist sehr hoch, da viele mit gleicher Prägung in der „neuen" Gemeinde Mitglied sind. Es ist nicht auszuschließen, dass die Motivation für die Verpflanzung weniger aus missionarischem/evangelistischem Antrieb erfolgt, sondern aus logistischem. Diese Variante der Pflanzung kann auf der einen Seite positiv auf Wachstum angelegt, als Verpflanzung oder Gemeindeteilung gesehen werden, negativ aber auch das Ergebnis einer Gemeindespaltung sein.[79]

Integrative Modelle streben Multiplikation als Ausgang und Ziel des Gemeindeaufbaus an. Das schließt ebenfalls ein, dass die Tochtergemeinde zu einer autonomen Gemeinde werden muss. Sie muss die starke Verbindung und Unterstützung zur Muttergemeinde lockern, auf „eigenen Beinen stehen", damit sie sich selbst wieder multiplizieren kann und zur aussendenden Muttergemeinde wird.[80]

4.6.3. Multioptionale Modelle

Gründung neuer Ausdrucksformen kirchlichen Lebens muss nicht notwendigerweise mit der Gründung autonomer Gemeindeformen

---

78 Hopkins/White, *Praxisbuch*, 13.
79 Ott/Wilson, *Global Church Planting*, 143-144; Herbst, *Mission*, 209-210; Murray, *Church Planting*, 58-61.
80 Vgl. Murray, *Church Planting*, 54-57.

zusammenhängen. Gerade in sozialen Ballungsräumen kann die Beibehaltung der organisationellen Einheit der Gemeinde von großem Vorteil sein. In solchen Fällen werden die neuen Formen unter dem Dach der einen Gemeinde etabliert. Dies geschieht, um damit andere ethnische, sprachliche oder soziale Gruppen mit dem Evangelium zu erreichen. Man spricht dann auch von multi- oder auch interkulturellen Gemeinden.[81] „Typisch für diese Gemeinde ist, dass sich die neuen Gemeinschaften im selben Gemeindehaus zusammenfinden ... [Sie] bleiben aber nur zu einem gewissen Grad unter der Autorität der gastgebenden Gemeinde"[82] und verwirklichen ihre wichtigsten missionarischen Ziele und Projekte gemeinsam.[83]

Das multioptionale Modell erfreut sich zurzeit in den USA und Großbritannien großer Beliebtheit. Viele „neue Ausdrucksformen des kirchlichen Lebens" der anglikanischen Kirche sind auf diese Weise in ihre Muttergemeinde integriert. Bei dieser Variante sind die Merkmale der klassischen Aussendung sowie das auf Multiplikation Ausgelegtsein nur teilweise vorhanden.[84]

Eine abgewandelte Variante des Modells findet sich in der Multi-Site-Kirche, die alle Vorteile einer multioptionalen Gemeinde nutzt, aber anstelle eines Versammlungslokals mehrere nutzt. Dabei bleibt jede neue Gründung als Teil der Gesamtgemeinde bestehen.[85] Die Mitglieder der einzelnen Niederlassungen bleiben Mitglieder in der einen Gemeinde. Sie treffen sich wechselnd in ihrer separaten Gruppe und als ganze Gemeinde. „Eine Gemeinde – mehrere Versammlungsorte"[86], lautet das Programm dieses Gemeindetyps. Die Gemeinde hat, ähnlich der multikulturellen Gemeinde, eine gemeinsame Vision und Konzeption und strategische Leitung. Auf der

---

81   Siehe mehr in Johannes Reimer: *Multikultureller Gemeindebau.* (Marburg: Franke, 2011.)

82   Ott/Wilson, *Global Church Planting*, 141.

83   Reimer, *Multikultureller Gemeindebau.*

84   Vgl. Murray, S., 2010. *Planting Churches in the 21st century. A Guide for those who want fresh perspectives and new ideas for creating congregations.* Scottdale: Herald Press, 66-68, und Ott/Wilson, *Global Church Planting*, 141-142.

85   Murray, *Planting Churches*, 69.

86   Ott/Wilson, Global Church Planting, 137.

operativen Ebene können sich die einzelnen Sateliten dagegen sehr selbstständig entwickeln. [87]

4.7. Gesellschaftstransformativer Gemeindebau

Wie baut man Gemeinde in der Stadt auf? Die unterschiedlichen Ansätze mögen alle ihre Berechtigung haben und weisen ggf. hier und da entsprechende Erfolge auf. Sie weisen auf wichtige Bausteine hin, die in einer grundsätzlichen Handlungstheorie bedacht werden wollen. Ich schlage vor, eine solche Theorie als gesellschaftstransformativen Gemeindebau zu denken.

Gemeindebau, der diese Bezeichnung verdient, wird sich an einer Theorie orientieren, die sowohl eine theologische Grundlage vor Augen hat, was Gemeinde Jesu ist, als auch Wege der Realisierung der biblischen Vision aufzeichnet. Eine solche Handlungstheorie kann nur im Rahmen biblischer Vorstellung von der Gemeinde auf der einen und im konkreten Kontext auf der anderen Seite gedacht werden. Denn es geht um nichts Geringeres als um die Gemeinde Gottes im konkreten Lebenszusammenhang konkreter Menschen. Es geht um die Gemeinde vor Ort. Und dieser Ort ist ein konkreter urbaner Raum. Damit ist im Grundsatz entschieden, dass eine Handlungstheorie für den Gemeindebau in der Stadt biblisch und kontextuell aufgebaut sein muss. Kontextueller Gemeindebau setzt eine kontextuell-theologische Grundlage voraus. Was ist damit gemeint?

4.7.1. Kontextuelle Theologie als Basis

Kontextuelle Theologie folgt einer festgelegten Formel. Danach entwickelt der Theologe sein Konzept in drei Schritten:

---

87 Murray, *Planting Churches*, 69-71.71-72, und Ott/Wilson, *Global Church Planting*, 137-138.

1. Analyse der Wirklichkeit,
2. hermeneutische Interpretation dieser Wirklichkeit nach den Kriterien des Glaubens und
3. die Erarbeitung von Schwerpunkten für die Gemeindearbeit.

Diese Formel birgt die potenzielle Gefahr der Glaubensverfälschung in sich, weil die Themen zunächst von der sozialen Analyse vorgegeben werden. Gesucht wird eine Methode, die die Gefahr des Synkretismus auf ein Minimum bringt und doch eine Theologie, „die zur Aktion führt"[88], ermöglicht. Eine solche Methode glauben die Missiologen an der UNISA im Praxis Cycle gefunden zu haben.[89] Aufbauend auf dem von Holland und Henriot popularisierten „pastoral cycle"[90], wird hier eine Methode konstruiert, die fünf wichtige Schritte des theologischen Prozesses vorsieht[91]:

1 Involvierung (Persönliche Beteiligung);
2 Kontextanalyse;
3 Theologische Reflexion;
4 Spiritualität;
5 Planung.

Die Arbeitsschritte sind zyklisch angeordnet und können bei entsprechendem Klärungsbedarf immer wiederholt werden.

---

88 JNJ Kritzinger: Who do they say I am? In: *An African Person in the making.* Festschrift für Prof. William Saayman. (Pretoria: UNISA Press, 2001),147.
89 Ebd.
90 Joe Holland and Peter Henriot: *Social Analysis: Linking Faith and Justice.* (Maryknoll, NY: Orbis, 1982).
91 Kritzinger; Who do they say I am?,149.

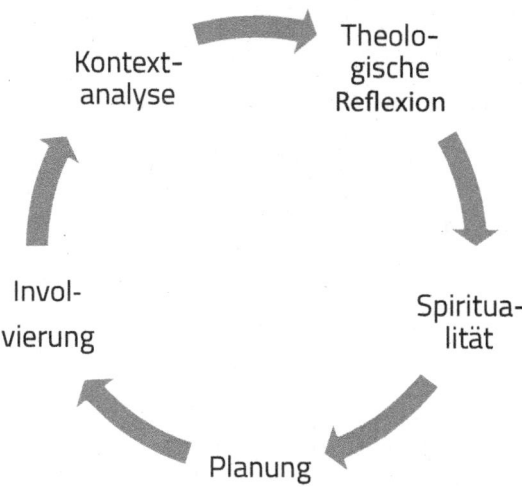

Abb. 1: Praxiszyklus nach Kritzinger

Nach Kritzinger kann man verantwortlich nur dann Theologie betreiben, wenn man als Theologe sich unter die Menschen mischt, für die man theologisch arbeiten will. Theologie entsteht nicht am grünen Tisch, sondern im Kontext der Menschen und damit auf dem Missionsfeld. Theologische Arbeit setzt persönliche Involvierung voraus. Sie kann nur unter den Menschen und damit auch nur mit den Menschen für sie verständlich erarbeitet werden. Wer sich nun theologisch betätigen will, der wird mit Jesus fragen: „Was sagen die Leute über mich? Was sagt ihr?" (Mk. 8,27-29.) Die Antwort auf diese Frage setzt voraus, dass man sich mit der Lebenswelt der Menschen bewusst auseinandersetzt. Die Folge wird notwendigerweise eine soziokulturelle Analyse sein. Ohne eine solche Analyse steht man in der Gefahr, an den Bedürfnissen und Fragen der Menschen vorbei das Evangelium zu formulieren, und die besten theologischen Glaubenssätze bleiben den Menschen fremd. Was aber nutzt eine GUTE NACHRICHT, wenn sie für die Menschen KEINE NACHRICHT ist?

Erst wenn man weiß, wo die Menschen stehen, was sie bewegt und was sie wirklich brauchen, kann der Theologe nach theologischen Antworten fragen. Theologie kann nur als Antwort des Glaubens auf reale Fragen des Alltags eine relevante Theologie sein. Hat man aber die Fragen der Menschen in Sprache gekleidet, so kann die Antwort des Glaubens gesucht und gefunden werden. Und gesucht wird sie allem anderen voran im Text der Offenbarung, in der Bibel. Der Theologe wird also fragen: „Was sagt der Text zum Thema des Tages?" Hier ist die exegetische Arbeit mit dem biblischen Text gefragt.

Freilich ist die Antwort auf eine solche Frage alles andere als einfach. Ist doch der Text selbst in eine bestimmte Zeit und Kultur gesprochen worden und damit kontextualisiert worden. Er muss erst „verstanden werden", bevor man ihn für die Menschen im Kontext fruchtbar machen kann. Eine große Hilfe bietet dem Theologen dabei die christliche Tradition. Die christliche Kirche blickt nunmehr auf mehr als 2000 Jahre der Schriftauslegung zurück. Die Bibel ist immer wieder in unterschiedliche kulturelle und soziale Räume hineininterpretiert worden. Der Theologe wird sich daher fragen: „Was sagt die Tradition zum Thema des Tages?" Der Vergleich mit der Auslegung des Textes über die Jahrhunderte wird dem Ausleger wertvolle Einsichten in die Wahrheit der Schrift ermöglichen und zum besseren Verständnis beitragen.

Die Bemühung des christlichen Theologen um eine kontextrelevante Theologie ist damit noch nicht zu Ende, will er doch seinen Zuhörern das Evangelium verständlich machen. Er wird daher seine dritte Frage stellen müssen, die da lautet: „Was sagen wir jetzt zum Thema des Tages?" Dabei muss ihm das WIR in seiner Frage wichtig sein. Schließlich geht es ja bei der Frage nicht einfach um seine Frage. Es ist die Frage der Menschen um ihn herum. Sie stellen sie. Und er will sie für die Menschen beantworten. Damit das adäquat geschehen kann, muss er mit diesen Menschen ins Gespräch kommen. Wie sonst wollte er antworten, wenn niemand fragt? Wie sonst wollte er wissen, dass seine Antwort verstanden wurde, wenn niemand seine Antwort reflektiert? Theologie ist ein Kind der Kommunikation, und diese ist prinzipiell dialogischer Natur. Matthias Scharrer und Bernd Jochen Hilberath fordern deshalb, prinzipiell Theologie als kommunikative Wissenschaft zu verstehen.[92] Ihr Vorschlag, Theologie im Kontext als themenzentrierte Aktion (TZI) zu betreiben[93], verdient große Aufmerksamkeit. Hier wird Theologie im Gespräch entwickelt.

Die theologische Reflexion, will diese dem Anspruch einer am Evangelium interessierten Theologie gerecht werden, muss eine vom Heiligen Geist durchdrungene Theologie sein. Schließlich ist Er es, der die Menschen in alle Wahrheit führen soll (Joh. 16,13). Kritzinger verlangt daher vom christlichen Theologen eine Spiritualität, die sich aus der Erfahrung des Heiligen Geistes speist. Drei charakteristische Merkmale werden einen solchen Theologen auszeichnen:

a. Er wird eine geistliche Grundeinstellung haben. Ihm wird es immer und vor allem darum gehen, Gottes Geist zu Wort kommen zu lassen.

b. Er wird auf persönliche Erfahrung mit Gott zurückgreifen können. Für ihn ist die Sache mit Gott nicht eine intellektuelle Übung, sondern gelebte Wirklichkeit.

c. Er wird von einer tiefen Verantwortung und damit auch Respekt gegenüber dem anderen geprägt leben.

Theologie ist immer auch eine Sache der Biografie. Persönliche Spiritualität, die sich durch Nähe zu Gott und Menschen auszeichnet, die von der Liebe zu Gott und der Liebe zum Nächsten getragen wird, ist eine Grundbedingung für die Formulierung der Guten Nachricht für die Menschen.

Und ist die Antwort auf die Fragen der Menschen gefunden, so kann der

---

92 Matthias Scharrer und Jochen Hilberath: *Kommunikative Theologie.* (Mainz: Claudius, 2002), 28f.
93 Ebd., 123ff.

Theologe sich nicht eher zurückziehen, bis diese Antwort in dem Alltag der Menschen angewendet und umgesetzt wird. Denn erst wenn das Wort Fleisch wird, sehen die Menschen die Herrlichkeit Gottes (Joh. 1,1ff.). Kontextuelle Theologie versteht sich als Handlungstheorie, die auf die Umsetzung der gewonnenen Erkenntnisse in der theologischen Praxis der Gemeinde drängt.

Der Praxiszyklus will also den Prozess des Theologisierens als einen handlungstheoretischen Prozess begreifen. Dabei ist ein ständiger Dialog zwischen den einzelnen Stationen des Prozesses von größter Bedeutung. Erst so entsteht ein am Ende annehmbares Ergebnis. In der Praxis des Theologisierens wird aus dem Zyklus eine Spirale, da das Konzept an sich nie abgeschlossen ist.

Was wir brauchen, ist eine Theologie, die sich mit dem ganzen Menschen, der das ganze Evangelium in seinem ganzen Leben in der Stadt umzusetzen hat, beschäftigt. Nur so wird die Theologie gesellschaftsrelevant. Und nur so kommen wir dem Bewohner der Stadt nahe genug, um ihn für Jesus zu gewinnen. Eine ganzheitliche Theologie ist vonnöten, wie C. Wayne Zunkel[94] sie nannte. Der Praxiszyklus setzt deutliche Akzente auf dem Weg zu einer solchen Theologie.

Freilich kann der Praxiszyklus in seiner vorgestellten Gestalt die grundsätzlichen Bedenken in Richtung potenzieller Synkretismen nicht abstellen. Weder die Involvierung noch die Kontextanalyse noch die theologische Reflexion sind davor gefeit, Wege einzuschlagen, die der Offenbarung Gottes in der Schrift entgegengesetzt sind. Eine solche Entwicklung ist aber im Prinzip vermeidbar, indem der Heiligen Schrift jene normative Stellung eingeräumt wird und der Geist Gottes jeden der genannten Schritte transzendiert. So gesehen kann man nur dann von einer Involvierung in der Welt reden, wenn diese im Rahmen der *missio dei*, der Vision Gottes für die Welt, gedacht wird. Man wird

---

94 C. Wayne Zunkel: *Church Growth under Fire*. (Kitchener, PA: Herald Press, 1987), 172.

nur dann von einer adäquaten Kontextanalyse reden können, wenn diese ganzheitlich vorgenommen wird und der tripolaren Gestalt der Welt Rechnung trägt. Und man wird nur dann von einer theologischen Reflexion reden können, die diese Bezeichnung verdient, wenn sich diese Reflexion vor allem auf die Offenbarung Gottes in der Heiligen Schrift stützt. Und beides, die Spiritualität wie die Praxisanwendung, wird sich dem Primat der Schrift und des Geistes beugen müssen. So wird der Zyklus zu einer Art Rad, dessen Nabe die Heilige Schrift und dessen Speichen den Heiligen Geist darstellen.

4.7.2. Von der kontextuellen Theologie zur Theologie des urbanen Gemeindebaus

Der Praxiszyklus ermöglicht uns, Theologie als Handlungstheorie des Gemeindebaus in der Stadt zu formulieren. Und zwar nicht allgemein, sondern direkt kontextbezogen. Eine allgemeingültige Theologie gesellschaftsrelevanten Gemeindebaus kann es an sich nicht geben. Zu unterschiedlich sind die Gesellschaften und Kulturen, in denen Menschen leben. Zu sehr unterscheiden sich die Lebenswelten in der Stadt von denen auf dem Land.

Wer eine adäquate Handlungstheorie will, der wird sich unumgänglich den Menschen vor Ort, da, wo Gemeinde gebaut werden soll, anschließen. Man muss zu den Menschen ziehen, um mit den Menschen Gemeinde zu bauen. Involvement wird hier zum konkreten Akt. Man braucht eine Innenperspektive des soziokulturellen Raumes, den man missionieren, sprich: transformieren, will. Diese ist aus der Distanz nicht zu bekommen.

Vom Involvement kommt man zur Kontextanalyse. Gesellschaftsrelevanter Gemeindebau setzt ein detailliertes Verständnis der Gesellschaft voraus, in der man Gemeinde bauen will. In unserem Fall geht es hierbei um ein möglichst klares Verständnis der Lebenswelt im konkreten urbanen Raum. Die Diversität des sozialen Raumes in der Stadt und die Vielfalt der Lebenswelten einer Stadt zwingen den

Forscher dazu, sich von allen allgemeingültigen Analysen zu verab-
schieden. Der Kontext muss jeweils neu analysiert werden. Nur so
kann Gemeinde ortsangepasst gebaut werden. Und nur so kann das
Wort Gottes seine konkrete und relevante soziale Gestalt gewinnen.

Ein solches Verständnis ist nicht ohne entsprechende Kompetenz in
empirischer Feldforschung und geistlicher Einsicht zu erreichen. Man
wird also beides brauchen, den empirisch geschulten Mitarbeiter
und den Mitarbeiter mit der Gabe, Geister zu unterscheiden. Nur so
kann gewährleistet werden, dass die vorgenommene Kontextanalyse
zu einer tripolaren Erhellung der Gesellschaft führt. Am Ende eines
solchen Verfahrens kennt man die Bedingungen vor Ort, kann Gottes
Wirken im Kontext beschreiben und kennt Menschen, deren sich Gott
bedient, um das Leben im Kontext lebenswerter zu gestalten. Man
wird aber auch die Seite des Feindes kennen und Sünde im Kontext
mit Namen bezeichnen können.

Die Kontextanalyse gibt uns Themen vor. Diese umfassen die
Bedürftigkeit der Menschen vor Ort, ihre Sehnsüchte und Träume,
Fähigkeiten und Sünden, Ängste und Hoffnungen. Erst jetzt kann
man nach Wegen fragen, wie man diesen Menschen Christus als
das „Gestalt gewordene Wort Gottes" nahe bringen kann. Erst jetzt
wissen wir, wo Licht und Salz dringend benötigt werden. Und erst
jetzt wird man sich mit den Fragen nach der möglichen sozialen
Gestalt der zu bauenden Gemeinde beschäftigen. Die Kontextanalyse
ermöglicht, Fragen zu formulieren, auf die wir nun Antworten in
der Schrift und Theologie suchen müssen. Und sind diese Antworten
gefunden, wissen wir, wie man sich den Bedürfnissen der Menschen,
ihren Nöten und Sehnsüchten nähern könnte, dann beginnen wir, den
Gemeindebau technisch zu planen. So gewinnt die Handlungstheorie
Gestalt.

Die Untersuchung des Kontextes muss auch eine ekklesiale Analyse
beinhalten. Wer bauen will, der sollte wissen, was, wo und mit wem
er bauen möchte.

Gemeindearbeit in der Stadt setzt Menschen voraus, die bereit sind, ihre Arbeit als „Straßen-Heilige" zu erledigen, wie Elliot es nannte.[95] Auf ihre Gaben und Fähigkeiten, Erfahrungen und Kompetenzen kommt es wesentlich an. Je weniger man im Kontext allgemein agieren kann, desto deutlicher wird man nach geeigneten Akteuren fragen. Und je komplexer der soziale Raum, desto klarer die Forderung nach kompetenten Mitarbeitern im Gemeindebau. Eine adäquate Gemeindebau-Theorie berücksichtigt deshalb nicht nur die Beschaffenheit des Kontextes, sondern auch das vorhandene und benötigte Personal. Die Stadt als komplexer und dynamischer sozialer Raum verlangt regelrecht nach einem Team kompetenter Mitarbeiter, die flexibel genug sind, den Entwicklungen vor Ort zu folgen.

4.7.3. Zur Vision einer gesellschaftstransformativen Gemeinde in der Stadt

Das erklärte Ziel einer theologischen Theorie des Gemeindebaus ist es, eine Vision von Gemeinde zu entwickeln, die dem Kontext der Stadt entspricht. Mit dem Begriff „Vision" ist eine Vorstellung von dem gemeint, was kommen soll, eine entsprechende Orientierung bietet und sich darum motivierend auswirkt. Oder wie Bill Hybels es formuliert: „Eine Vision ist ein Bild von der Zukunft, das Begeisterung auslöst."[96] Ein solches Bild inspiriert und gibt die Route vor, auf der sich eine Gemeinde bewegen soll.

Formuliert eine Gemeinde eine solche Vision nicht ausdrücklich, so wird sie dennoch von verschiedenen Faktoren und Bildern angetrieben, allerdings, ohne sich dies bewusst zu machen. Das Ergebnis ist eine unreflektierte Gemeindeprägung und -praxis, die ihren Ausdruck in Sätzen finden kann wie: „Das war bei uns immer so." „So macht man das bei uns." Nicht selten führen derartige Äußerungen zu Frust bei

---

95   Barbara J. Elliot: *Street Saints. Renewing American Cities.* (Radnor: Tempelton, 2004).

96   Siehe Hybels, Bill. *Mutig führen: Navigationshilfe für Leiter.* (Asslar: Gerth, 2016).

Gemeindegliedern oder gar zu Rückzug. Aus ihrem Mund heißt es
dann: „Da geht doch nichts."

„Ohne Vision geht ein Volk zugrunde", lesen wir in Spr. 29,18. Man
kann den Text auch so übersetzen: „Ohne Vision verwildert das
Volk." Beides, Stagnation und chaotisches Durcheinander, ist damit
angezeigt. Ohne eine Vision wird sich die Gemeinde Jesu nicht gesund
entwickeln. Darum ist sie mit Blick auf gesellschaftlich relevanten und
-transformativen Gemeindebau von entscheidender Bedeutung.[97] Sie
markiert das Ziel, auf das die Gemeinde sich zu bewegen wird, und
trägt deutlich zur Motivation von Gemeindegliedern bei.

Eine adäquate Vision der Gemeinde gestaltet sich entlang von drei
Koordinaten: (a) dem Auftrag Gottes; (b) der Situation der Menschen
vor Ort; (c) dem Potenzial der Gemeinde.

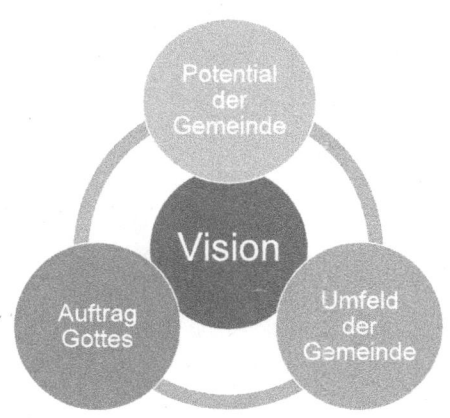

Abb. 2: Koordinatensystem: Vision

Wer also Gemeinde in der Stadt bauen möchte, der sollte (a) Gemeinde
als Gottes Angebot an die Menschen verstehen, (b) seine Stadt kennen,

97   Vgl. Reimer, Johannes. *Die Welt umarmen: Theologie des gesellschaftsrele-
     vanten Gemeindebaus.* (Marburg: Francke Verlag, 2009).

(c) das benötigte Potenzial für einen effektiven Bau kennen, (d) eine Vision entwickeln und beginnen, (e) zu planen und zu bauen.

„Ich hatte es satt."
Sabine lässt sich neu begeistern

„Ich habe meine Heimatgemeinde vor Jahren verlassen. Der immer gleiche liturgische Ablauf des Gemeindelebens, Gottesdienstes und der wenigen wöchentlichen Veranstaltungen hing mir nach Jahren buchstäblich aus dem Hals heraus", erzählt die hochgewachsene Mittvierzigerin. *„Alle sprachen von persönlicher Gemeinschaft, aber Gott, an den wir glaubten, sprach uns nie an. Alle glaubten an Engel, aber gesehen hatten sie nie einen. Alle waren überzeugt, nur totale Hingabe ruft Gottes Kraft und Wunder auf den Plan, aber von einem Ereignis, das diese Bezeichnung wirklich verdient hätte, wusste niemand von uns zu berichten. Ich hatte es jedenfalls satt, so zu tun, als wäre das, was ich nach außen vertrat, wahr."*

Sabine verließ die Gemeinde und engagierte sich fortan in der Gesellschaft. Freiwillige Helfer wurden ja überall gebraucht. Die vielen Flüchtlinge, die ins Land strömten, hatten es ihr besonders angetan.

„Eines Tages brachte man zu mir nach Hause einen geflüchteten Mann. Er war in eine Schlägerei verwickelt und schwer verletzt worden. Jetzt hatte er Angst, aufzufliegen und dann wahrscheinlich ausgewiesen zu werden, und weigerte sich deshalb, zum Arzt zu gehen."

Sabine war Krankenschwester, und ein Blick genügte, um festzustellen, dass die Wunden des Mannes dringend versorgt werden mussten, wenn nicht bald Schlimmeres eintreten sollte. Sie redete auf den Mann ein. Er aber weigerte sich, und dann auf einmal sagte er: „Ich bin Muslim. Ich glaube an Gott. Er kann helfen. Aber ich habe viel gesündigt. Mich wird er nicht hören. Ihr helft so vielen Menschen. Bitte betet ihr zu Gott. Euch wird er hören."

Die meisten Anwesenden glaubten nicht an Gott. Sabine sah sich um, und plötzlich wurde ihr klar: Sie war gefragt. „Aber du bist doch nicht mehr in der Gemeinde", kam ihr für einen Augenblick ein Gedanke. Doch schon im nächsten Moment wurde dieser von einer viel stärkeren Stimme unterdrückt: „Du musst für ihn beten, Sabine, sonst stirbt der Mann." Und Sabine betete. Sie betete zu Jesus. Was niemand erwartete, passierte. Der Mann wurde augenblicklich gesund. Die Anwesenden konnten regelrecht sehen, wie die Wunden auf seinem Gesicht zuzogen und heilten.

„Was ist das?", wollten die freiwilligen Mitarbeiter der Flüchtlings-organisation wissen.

„Gott!", rief der Geheilte laut aus. „Gott hat mich geheilt!"
„Jesus, Jesus habe ich um Heilung gebeten", sagte Sabine leise.

Es kam zum Gespräch. Und schon bald trafen sich ihre Freunde bei ihr in der Wohnung. Sie wollten mehr über Jesus wissen, der Kranke so heilen kann. Und der Grundstein für eine neue Gemeinde wurde gelegt. Heute ist Sabine wieder dabei. Sie hat Gott inmitten der Welt getroffen, und er führte sie zurück zu seiner Gemeinde, verändert und erneuert im Glauben.

Fragen zur Weiterarbeit:

1. Was verstehen Sie unter Gemeindeaufbau?
2. Welche Gemeinde wollen Sie bauen?
3. Was sind die Vorteile und Nachteile kategorialer Gemeindearbeit?
4. Welche Vorteile für den Gemeindebau in der Stadt bieten territoriale Konzepte?
5. Was verbirgt sich unter autonomem, integrativem und multioptionalem Gemeindeaufbau?
6. Wo liegen die möglichen Vorteile und Nachteile der Ansätze?
7. Was ist unter gesellschaftstransformativem Gemeindebau zu verstehen? Wo liegen die Vorteile und Nachteile dieses Konzepts?

TEIL 2

Praxis des Gemeindeaufbaus in der Stadt

Kapitel 5

Gemeinde für die Stadt bauen

5.1. Gemeinde als Change-Agent in der Stadt

Gemeinde muss und Gemeinde kann in der Stadt gebaut werden. Aber wie? Und wozu? Folgende Geschichte setzt zu einer möglichen Antwort an. Vor einigen Jahren rief mich ein Freund an. Ihr Gemeindehaus sei zu klein geworden, berichtete er mir, und deshalb haben sie sich als Ältestenkreis der Gemeinde an den Bürgermeister der Stadt gewandt, er möge ihnen ein Grundstück mitten in der Stadt vermitteln.

„Unser Bürgermeister war grundsätzlich offen, freute sich mit uns über das Wachstum unserer Freikirche, aber dann sagte er: ‚Nennen Sie mir drei Gründe, meine Herren, warum unsere Stadt Ihre Kirche braucht, und ich besorge Ihnen ein enstprechendes Baugrundstück.“

Das klang einfach, aber keiner von den Mitarbeitern kam auf etwas Plausibles. Als christliche Gemeinde riefen sie die Menschen zu Jesus, halfen ihnen, ihre Sünden zu bekennen, um eines Tages tadellos vor Gottes Thron zu erscheinen. Aber all das hatte nur wenig mit der Stadt zu tun.

„Die Stadt und das städtische Leben kommen in unseren Predigten bestenfalls als negative Matrix vor", gab mein Freund zu. „Sie gilt als Verführerin der Frommen. Wir warnen vor dem verwahrlosten Leben in der Gesellschaft. Und jetzt diese Frage. Kannst du uns nicht helfen?", bat mich mein Freund.

Ich kannte die betroffene Gemeinde. Sie lebte nach dem Prinzip: „Habt nicht lieb die Welt, noch, was in der Welt ist." Und die Stadt und ihr buntes Treiben waren die Welt.

„Ich kann dir nicht helfen, Bruder, eure Stadt braucht euch, so, wie ihr denkt, wirklich nicht. Für sie seid ihr bestenfalls ihr schlechtes Gewissen."

„Aber wie müssten wir denn sein, damit sie den Eindruck hat, dass wir wichtig sind?", ließ mein Freund nicht nach.

„Priester, König und Prophet", antwortete ich. Und präzisierte anschließend: „Priester, weil ihr für sie betet, für sie einsteht, sie tröstet in Zeiten der Not; König, weil ihr euch der Anliegen der Menschen angenommen habt und nach kreativen Lösungen für ihre Alltagsherausforderungen sucht. Eben wie ein guter König, der seine Untertanen nicht einfach links liegen lässt. Und Prophet, weil ihr eure Stimme erhebt, wenn sie auf Wege kommt, die ihr zum Verderben gereichen, und ihr den rettenden Anker zuwerft. Mit anderen Worten: Ihr solltet zum sozialen Akteur, zum Change-Agent in der Gesellschaft, heranwachsen, dann wird man euch brauchen."[98]

Nichts brauchen Menschen in der Stadt mehr als Orientierung in der sich rapide verändernden Landschaft der Stadt. Sie brauchen Licht, das allen leuchtet. Und ein solches Licht soll die *ekklesia* Jesu sein (Mt. 5,14-15). Wie wird eine solche Gemeinde gebaut? Was sind die praktischen Schritte dahin? Was sollte man unbedingt berücksichtigen und was vermeiden?

5.2. Zyklus gesellschaftstransformierender Gemeindearbeit (ZGG)

Wir bauen Gemeinde als gesellschaftstransformierende Gemeinde. Dabei dient uns der oben vorgestellte Praxiszyklus als Grundlage. In etwas angepasster Form sieht er folgende sieben Schritte vor[99]:

---

98 Siehe mehr zum Thema in: Johannes Reimer: Der politische Auftrag der Kirche. Christsein und Politik – was zählt? In: Tobias Faix, Thomas Kröck, Dietmar Roller, Hrsg: *Schrei nach Gerechtigkeit*. (Marburg: Francke Verlag, 2016), 58-69.

99 Siehe im Detail in Reimer, *Die Welt umarmen*, 280.

a. Verortung
b. Potenzialanalyse
c. Kontextanalyse
d. Vision
e. Projektplanung
f. Aktion
g. Evaluation

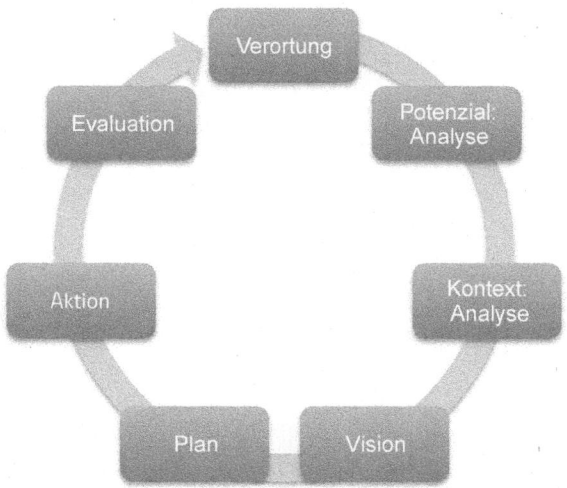

Abb. 3: Zyklus gesellschaftstransformativer Gemeindearbeit (ZGG)

In der **Verortung** entscheidet sich die betroffene Gemeinde für den territorial-sozialen Raum in der Stadt, in dem sie Gemeinde bauen will. Sie fragt Gott nach ihrem Einsatzgebiet und nimmt dieses als ihre Berufung an.[100] Gesellschaftstransformative Gemeindearbeit hat immer einen Ort, einen sozialen Raum, im Blick und unterscheidet

---

100 Zum Prozess der Verortung siehe: Johannes Reimer/Tobias Müller: *Gemeinde von nebenan. Wie Gemeinde ihren lokalen Auftrag findet.* MBS-Trafo Tools. Bd. 1 (Marburg: Francke Verlag, 2015).

sich somit prinzipiell von jedem zielgruppenorientierten Bau.[101] Allen
Menschen vor Ort samt all ihren Anliegen und Nöten gilt ihre Aufmerksamkeit.

Gemeinde wird von Gott gebaut, aber Er bedient sich dabei seiner
Kinder. Hierfür hat Er ihnen Gaben gegeben (1Kor. 12,4), für Werke, die Er zuvor bestimmt hat, dass sie darin wandeln sollen (Eph.
2,10; 1Kor. 12,5). Wo sie ihre Gaben für Dienste nutzen, die Er für
sie bestimmt hat, da entwickelt sich jene transformative Energie, die
in der Stadt allen zu leuchten vermag (1Kor. 12,6-7). Es macht daher
viel Sinn, den gesellschaftsrelevanten Gemeindebau als gabenzent-
rierten Gemeindebau zu begreifen. Und hierfür wird eine detaillierte
Potenzialanalyse der Gemeinde notwendig. Dabei wird sowohl nach
materiellen, sozialen, kognitiven als auch geistlichen Fähigkeiten und
Kompetenzen gefragt. Hierzu kann die vom Trafo-Institut in Marburg
entwickelte Arbeitshilfe zur Durchführung einer Potenzialanalyse in
der Gemeinde von großer Hilfe sein.[102]

Die Ermittlung eigener Potenziale schärft den Blick der Gemeinde für
den Kontext. Und diesen zu verstehen ist der nächste Schritt in der
Entwicklung effektiver Gemeindearbeit in der Stadt. **Kontextanalyse**
will zur Sehhilfe für die Gemeinde werden. Welche Menschen leben
im Gemeinwesen, in dem die Gemeinde gebaut wird? Woran glauben sie, was können sie, und wogegen kämpfen sie an? Was sind ihre
Herausforderungen, Bedürfnisse, Nöte, und über welche Potenziale
verfügen sie? Was ist ihre materielle und soziale Lage? Vor welchen
intellektuellen Herausforderungen stehen sie? Kennen sie Gott, und
wie denken sie über ihn? Das sind die Fragen, deren Beantwortung
eine menschenfreundliche Gemeindearbeit ermöglicht. Nur wenn man
weiß, was die schlechte Nachricht vor Ort ist, kann man es wagen,
gute Nachrichten zu formulieren, und dem Evangelium Raum schaffen. Einer Gemeinde, die sich an die Sozialraum-Untersuchung wagt,

---

101 Zur Begründung: Reimer, *Die Welt umarmen.* 254-256.
102 Johannes Reimer/Tobias Müller: *Die eigene Gemeinde verstehen. Wie Gemeinde ihr Potenzial entdeckt.* (Marburg: Francke Verlag, 2016).

stehen umfangreiche Hilfen und Materialien zur Verfügung, die vom Trafo-Institut in Marburg entwickelt und eingesetzt werden.[103]

Jetzt, wo die betroffene Gemeinde ihr Einsatzgebiet, ihr eigenes Potenzial und den Kontext kennt, in dem sie arbeiten will, kann sie an die Entwicklung ihrer **Vision** gehen. Dabei ist es enorm wichtig, dass das Bild von der Zukunft, das die Gemeinde hier entwickelt, sowohl biblisch-theologisch korrekt als auch kontextbezogen verständlich ist. Nur eine Vision, die von allen Menschen vor Ort verstanden wird, wird Menschen aus dem Ort anziehen. Vorausgesetzt natürlich, dass sie konkret und praxisnah formuliert wird. Einer Gemeinde im Prozess der Visionsfindung stehen wiederum Mitarbeiter und Material des Marburger Trafo-Instituts zur Verfügung.[104]

Erst wenn eine Gemeinde ihre Ziele formuliert hat, kann sie an konkrete **Projektplanungen** gehen. Auch hier stehen ihr Marburger Hilfen zur Verfügung.[105] Zu beachten ist jedoch, dass man erst materielle Projekte, dann soziale, dann ideelle und schließlich evangelistische anvisieren sollte. Das Evangelium muss von den Menschen erst gesehen werden (im Dienst an den materiellen Bedürfnissen der Nachbarn), dann erfahren (im Gespräch über soziale Engpässe), dann diskutiert werden, bevor es angenommen werden kann. Der Evangelisation gehen somit (a) Dienst, der Vertrauen schafft, (b) Gespräch über Lebensfragen, das Vertrauen verstärkt, und (c) Diskussion, die Unklarheiten und Missverständnisse ausräumt, voraus. Nur so wird das Vertrauen der Menschen zur Gemeinde und ihrer Botschaft wachsen und die Entscheidung vorbereiten, Christus, den Herrn der Gemeinde, ernst zu nehmen.

---

103 Siehe unter anderem: Tobias Faix und Johannes Reimer, Hrsg.: *Die Welt verstehen. Kontextanalyse als Sehhilfe für die Gemeinde.* Transformationsstudien Bd. 3. (Marburg: Francke Verlag, 2012); Tobias Müller: *Die Nachbarn der Gemeinde kennenlernen. Wie Gemeinde ihre Umgebung erkundet.* Trafo Tool Bd. 3. (Marburg: Francke Verlag, 2017).

104 Tobias Müller, Johannes Reimer, Klaus Schönberg: *Auf Sicht bauen. Wie Gemeinde eine transformatorische Vision entwickelt.* Trafo Tool Bd. 5. (Marburg: Francke Verlag, 2017).

105 Tobias Müller: *Gemeinde mit Verantwortung. Wie die Gemeinde für ihr Umfeld relevant wird.* Trafo Tool Bd. 4. (Marburg: Francke Verlag, 2017).

Und schließlich wird gehandelt. **Aktionen** der Gemeinde in die Bevölkerung hinein stellen ihre Lebensarme dar, ihre soziale Gestalt und ihre Mühe, das Gemeinwesen als Change-Agent zu transformieren, in dem sie Versöhnung mit Gott, sich selbst und dem Nächsten auf allerlei Weise kommuniziert. So wird sie ihrer ekklesialen Rolle als Priester, König und Prophet gerecht. Ihre lebensspendende Mission erscheint lebensnah, konkret und wird als *missio politica*, als umfassende politische Alternative, wahrgenommen.[106]

Diese Lebensäußerungen der Gemeinde sollten regelmäßig einer umfassenden **Evaluation** unterzogen werden. Dabei ist es entscheidend, nicht nur die Gemeinde selbst auf den Erfolg ihrer Aktionen zu befragen, sondern auch die Menschen im Gemeinwesen, denen sie sich anschickt zu dienen.

5.3. Gemeinwesenarbeit als Bezugspunkt

Gesellschaftstransformativer Gemeindeaufbau ist im Prinzip Gemeinwesenarbeit (GWA). Unter Gemeinwesenarbeit verstehen wir ein Konzept der sozialen Arbeit vor Ort mit dem Ziel, die Lebensbedingungen und das Zusammenleben der ansässigen Menschen zum Besseren zu verändern.[107] Im Englischen spricht man von *community work* oder auch *community development* bzw. *community organisation* und beschreibt damit die Gestaltung sozialer Räume.[108] Eine GWA zielt darauf, den sozialen Raum im gemeinsamen Bemühen aller Einwohner um die Lebensqualität aller positiv zu verändern. In Deutschland gilt

106 Siehe mehr in Johannes Reimer: *Missio Politica. The Mission of the Church and Politics.* (Carlisle: Langham, 2017).
107 Sabine Stövesand, Christoph Stoik: *Gemeinwesenarbeit als Konzept Sozialer Arbeit – eine Einleitung.* In: Sabine Stövesand; Christoph Stoik; Ueli Troxler (Hg.): *Handbuch Gemeinwesenarbeit. Traditionen und Positionen, Konzepte und Methoden. Deutschland – Schweiz – Österreich. Theorie, Forschung und Praxis der Sozialen Arbeit*, Band 4. (Opladen, Berlin; Toronto: Verlag Barbara Budrich, 2013), 23.
108 Zum Konzept, seiner Herkunft und Anwendung im Bereich der Kirche siehe Reimer, *Die Welt umarmen*, 271-287.

die GWA seit den 1990er Jahren als Arbeitsprinzip der Sozialarbeit.[109] Man unterscheidet heute zwischen territorialer, funktionaler und kategorialer GWA, wobei sich die erste an einen soziogeographischen Raum, zum Beispiel Stadtteil, die zweite an die Organisationsstrukturen vor Ort und die dritte an Gruppen von Menschen mit spezifischen Merkmalen wendet.[110] Das entscheidende Grundelement aller Formen und Ansätze der GWA ist die Bürgerbeteiligung. GWA will die Bürger zur Mitarbeit gewinnen, sie miteinander vernetzen und so für gemeinsame Anliegen in ihrem Lebensraum aktivieren. Eine besondere Variante der GWA stellt die Gemeinwesen-Mediation (GWM) dar.

Die GWA ist von ihrem Ursprung her eine christlich-diakonische Arbeit. So wurde sie in England und später in den USA konzipiert. Es ist daher kaum verwunderlich, dass sich missionarisch und diakonisch aktive Kirchen der GWA bedienen. Der Amerikaner Lyle Schaller nennt die Gründe für dieses Interesse der Kirchen an der GWA in den USA. Für ihn ist Gemeinwesenarbeit „... eine Methode der Entwicklung menschlicher Reserven, ein Mittel, durch das die Kirche dem Individuum helfen kann, intensiver das Potenzial aufzudecken, das der Schöpfer in jedes menschliche Wesen gelegt hat"[111]. Die Methode bietet den Kirchen eine herausragende Möglichkeit, nicht nur die eigenen Mitglieder für missionarisch-diakonische Ziele zu gewinnen, sondern auch kirchfremde Nachbarn positiv zum gemeinsamen Einsatz für das Wohl der Menschen vor Ort zu begeistern. So kommt sie den Menschen vor Ort näher, baut Vertrauen auf und wird wieder sprachfähig in ihrer Evangeliumsverkündigung. Ganz im Sinne der Inneren Mission des Pioniers kirchlich-missionarischer Diakonie in Deutschland, Johann Hinrich Wichern (1808-1881). In seiner Denkschrift aus dem Jahr 1849 formuliert er:

---

109 Britt Holubec: Gemeinwesenarbeit als Arbeitsprinzip. Zwischen Problemlösungs und Veränderungsstrategie. In: http://www.stadtteilarbeit.de/themen/theorie-stadtteilarbeit/lp-stadtteilarbeit.html?id=84-gwa-arbeitsprinzip-lp (letzter Zugriff: 1.1.2017).
110 Ebd.
111 Lyle Schaller: *Kirche und Gemeinwesenarbeit: Zwischen Konflikt und Versöhnung.* (Gelnhausen, Berlin: Burckardthaus-Verlag, 1972), 8.

„Die Innere Mission ist nicht eine Lebensäußerung außer oder neben der Kirche, sie will auch weder jetzt noch einst die Kirche
selbst sein ... sondern sie will eine Seite der Kirche selbst offenba-
ren, und zwar das Leben des Geistes der gläubigen Liebe, welche
die verlorenen, verlassenen, verwahrlosten Massen sucht ..."[112]

Der Gemeindeaufbau in der Stadt bedient sich der GWA als Methode.
Sie bietet der Kirche jene Rahmenbedingungen, die ganzheitliche Partizipation am gesellschaftlichen Leben mit dem Ziel gewollter Transformation aller Lebenbereiche der Menschen ermöglicht. So kann sie
in jeder Hinsicht eine *Kirche für Andere* sein und „... Verkündigung
und Handeln miteinander ... verschmelzen, das Wort glaubhaft ... machen und die Tat vom reinen Aktionismus ... befreien".[113]

5.4. Gemeindebau mit den Anderen

Gemeindebau im Rahmen einer GWA setzt voraus, dass die Kirche
sich nicht als Kirche für, sondern mit den Anderen aufstellt. Mündige
Bürger wollen zunächst und vor allem ernst genommen werden, auch
dann, wenn sich ihre Überzeugungen im Verlauf des Dialogs als falsch
erweisen sollten. In seinem gutgeschriebenen Buch „How to Reach
Secular People" schreibt der Amerikaner George G. Hunter III:

„Effektive Kommunikatoren werden gar nicht erst versuchen,
selbst alle Kommunikation zu gewährleisten. Sie verstehen, dass
der Glaube eher entdeckt als gelehrt wird und dass eine sinnvolle
Beteiligung des Menschen an sich schon kommuniziert und dass
Beteiligung den Menschen hilft, den Glauben für sich selbst zu ent-

---

112 Johann Hinrich Wichern, zit. nach Wolfgang Maaser, Gerhard K. Schäfer:
*Geschichte der Diakonie in Quellen. Vom Anfang des 19. Jahrhunderts bis
zur Gegenwart.* (Neukirchen-Vluyn: Neukirchner Verlag, 2016), 137.
113 Annette Peters in Reiner Lingenscheid und Gerhard Wegner, Hrsg.: *Aktivierende Gemeindearbeit.* (Stuttgart, Berlin, Köln: Kohlhammer, 1990), 78.

decken. Deshalb involvieren sie Suchende in ihre Gemeinschaft, ihre Verkündigung und ihren Dienst in ihren Gemeinden. Und so kommen viele Menschen nach Monaten entsprechenden Engagements zum Glauben."[114]

Hunter beobachtet, dass Menschen dann zum Glauben kommen, wenn sie vorher monatelang an kirchlichen Aktivitäten beteiligt waren. Ähnlich äußert sich Jim Harnish, der selbst partizipative Evangelisation praktiziert. Harnish berichtet:

„Ich wuchs im Glauben auf, dass man in der Hinwendung zu Jesus folgende Schritte zu gehen habe: Nimm Jesus an, dann lies die Bibel, dann schließ dich der Gemeinschaft an und dann diene in der Welt. Aber ich musste lernen, dass in der Praxis alles geradezu umgekehrt läuft: Erst werden die Menschen am Dienst beteiligt, dann stellen sie biblische und theologische Fragen, und erst dann entscheiden sie sich, Jesus nachzufolgen."[115]

Diese Beobachtungen regen Fragen an. Kann man Menschen, die noch keinen Glauben an Christus aufweisen, an kirchlichen Projekten beteiligen? Ist eine solche Beteiligung gar Voraussetzung zum evangelistischen Gespräch? Setzt effektive Kommunikation des Evangeliums ein bewusstes Miteinander von Christen und Nicht-Christen voraus? Ist inklusive Mission denkbar? Die Antwort ist – ja!

---

114 George G. Hunter III: *How to reach secular people.* (Nashville: Abingdon Press,1992), 99-100. Übersetzung von mir. Originaltext: „Effective communicators do not try to do all the communicating. They know that the faith is more ‚caught than taught', that a person´s meaningful ‚Involvement' can do its own communicating, and that involvement helps people to discover the faith for themselves; so they get seekers involved in the fellowship, message, and service of the congregations. Many people come to believe from several months of involvement."

115 Harnish in Hunter, *How to reach secular people,* 100. Übersetzung von mir. Originaltext: „I grew up thinking that the sequence was accept Jesus, then read the Bible, then get into fellowship and serve in the world. But I learned that, usually, it is just the opposite; they get involved first, then they ask the biblical and theological questions, then they move into commitment."

Es wird weithin angenommen, dass Mission ohne Kontextualisierung und Inkulturation nur schwer zu verwirklichen ist. Man kann
Menschen nur dann mit dem Evangelium erreichen, wenn man ihre
Welt kennen und ihre Sprache sprechen lernt, ihre Kultur verstanden
hat und ihre Nöte und Bedürfnisse benennen kann. Die Kirche gestaltet ihre Mission für die Menschen. Sie ist eine „Gemeinschaft für
die Welt", wie Karl Barth es einmal so treffend formulierte.[116] Und
Dietrich Bonhoeffer unterstrich diese Tatsache mit seinem berühmten
Satz: „Kirche ist nur dann Kirche, wenn sie für andere existiert."[117]
Sie muss sich, so Bonhoeffer, am allgemeinen Leben der Gesellschaft
beteiligen, und zwar nicht herrschend, sondern helfend und die-
nend.[118] Bonhoeffers Satz ist vielfältig national und international von
evangelischer und katholischer Seite zitiert[119] und diskutiert worden.
Aber *Kirche für Andere* ist potenziell auch ein problematisches Kon-
strukt. Theo Sundermeier verwies in seiner Reflexion der Forderung
Bonhoeffers auf den liberal-humanistischen Hintergrund hin, in dem
dieser Satz entstand.[120] In einem solchen Kontext ist die Haltung der
Kirche für Andere schnell der Gefahr unterworfen, proexistent für die
Anderen da zu sein. Und dann ist sie wieder weniger die dienende,
sondern eher die alles wissende und schnell zu Dominanz neigende
Größe. Die Geschichte ist voll solcher Beispiele, wo diakonische Hilfe
im Handumdrehen zur Frage der Kontrolle der Bedürftigen wurde.
Sundermeier schlägt daher vor, statt über eine *Kirche für Andere* von
der *Kirche mit Anderen* zu sprechen.[121] Nicht Proexistenz ist gefördert, sondern Koexistenz.[122] Ganz ähnlich stellt Gourdet fest, dass

---

116 Karl Barth: *Church Dogmatics IV/3*. (Edinburgh: T.&T. Clark,1962), 762ff.
117 Dietrich Bonhoeffer: *Letters and Papers from Prison*. The enlarged edition.
    (London: SCM Press, 1971), 382f.
118 Ebd.
119 Siehe unter anderem J.B. Metz: Unity and Diversity: Problems and Prospects
    for Inculturation. In: *Concilium*, Nr. 204/1989, 83; Aylward Shorter: *Evange-
    lization and Culture*. (London: Chapman, 1994), 89; u.a.
120 Theo Sundermeier: Konvivenz als Grundstruktur ökumenischer Existenz heu-
    te. In: Ökumenische Existenz Heute 1, 1986, 62ff.; Ebenso David J. Bosch:
    Transforming Mission. Paradigm Shifts in Theology of Mission. (Maryknoll,
    NY: Orbis, 2011), 384.
121 Ebd.
122 Sundermeier, *Konvivenz*, 65.

eine notwendige Identifikation mit den Menschen nur durch realistische Partizipation am Leben der Menschen zu erreichen ist, also wenn wir weniger *für* die Menschen arbeiten, sondern vielmehr *mit* ihnen.[123] Ohne eine solche Nähe werden wir keine effektiven Wege der missionarischen Kommunikation entwickeln können; setzt doch die Entwicklung solcher Wege beides voraus, nämlich dass wir (a) von und (b) mit den betroffenen Menschen lernen.[124] Ein solches gemeinsames Lernen ist entscheidend für jede sinnvolle Evangelisation.[125] Kommunikation des Evangeliums findet letztlich nur in einem offenen Raum statt, in dem alle Teilnehmer berechtigt sind, ihre Geschichte ohne Hindernisse mitzuteilen. Natürlich setzt ein solcher offener Raum eine Willkommenskultur voraus, der sich eine evangelisierende Gemeinde zu verschreiben hat.[126]

Gesellschaftsrelevanter Gemeindebau in der Stadt ermöglicht die Partizipation aller am Einsatz für eine bessere Lebensqualität vor Ort. Warum sollten Andersgläubige und Ungläubige nicht an soziomateriellen Initiativen der Gemeinde vor Ort teilnehmen können? Wie wollte man den Einsatz der Christen für Menschen in Not, für die Gestaltung sozialer Räume je theologisch höher werten als den der Anderen? Ein Stück Brot in der Hand eines Christen ist genau so lecker und hungerstillend wie in der Hand der Anderen, und ein tröstendes Gespräch mit einer Tasse duftenden Tees in der Hand genauso wohltuend, egal, ob es ein sozialengagierter Christ oder Nicht-Christ führt. Gemeinsam können und sollen sich alle Bürger eines Stadtteils für Menschenwürde, soziale Gerechtigkeit und Wohlstand einsetzen. Und wenn es die Kirche ist, die sie sammelt, vernetzt und aktiviert,

123 S. Gourdet: Identification in intercultural communication. In: *Missionalia* 24:3, 1996, 407f.

124 David J. Hesselgrave: *Communicating Christ Cross-Culturally. An Introduction to missionary communication.* (Grand Rapids: Zondervan, 1991), 46.

125 Jacob Loewen: *Culture and Human Values: Christian Interpretation in Anthropological Perspective.* (Pasadena, CA: WCL, 1977), 36; Gourdet, Identification, 407.

126 Zur Willkommenskultur und Evangelisation siehe Johannes Reimer: *Hereinspaziert: Willkommenskultur und Evangelisation.* (Schwarzenfeld: Neufeld Verlag, 2013), 140ff.

dann wird es auch die Kirche sein, die auf Dauer an Vertrauen in der Bevölkerung gewinnt.

Freilich, der Mission mit den Anderen sind natürliche Grenzen gesetzt, wo es um verbale Verkündigung des Evangeliums, um Nachfolge Jesu, geht. Evangelisieren können nur Christen. Letztlich kann nur Gott selbst evangelisieren. Nicht Christen bekehren Menschen – Gottes Geist tut es! Christen dagegen können das Evangelium leben, evangelisch dienen und das Evangelium erklären. Und sie tun es nur da effektiv, wo sie den Menschen so nahe wie möglich sind. Und wo ist das, wenn nicht im gemeinsamen Einsatz für gutes Leben in der Nachbarschaft?!

5.5. Wo können und sollen sich Christen engagieren?

Gutes Leben im Sozialen Raum wird bestimmt von Themen, die alle Menschen angehen. Der anglikanische Theologe Bischof Tom Wright nennt unter anderem sechs solcher Themen, die für ihn entscheidend für das Gelingen eines guten Lebens vor Ort sind: Freiheit, Gerechtigkeit, Gleichheit, Freude am Leben, Haushalterschaft.[127] Alle diese Themen finden wir in der Erlassjahr-Verordnung[128], dem grundliegenden theologischen Text für die biblische Theologie der Restauration, wieder. Diese Verordnung findet sich in Lev. 25,1ff und bezieht sich darauf, dass Israel jeweils im 50. Jahr[129], also im

---

127 Tom Wright: Vortrag anlässlich des Studientages „Gesellschaftstransformation" am Marburger Bibelseminar. (Eigene Mitschrift.)

128 Auch Halljahr, Jobeljahr oder Jubeljahr. Martin Luther führte den Begriff „Halljahr" ein, weil er ihn vom Hall des Horns ableitete, mit dem das Erlassjahr eröffnet wurde. Jobeljahr entstammt dem hebräischen Wort jobel, was Widder oder Widderhorn heißt. Jubeljahr geht auf das Lateinische zurück. Hier wurde das Jobeljahr mit *annus jubilaei* übersetzt (Gerhard Maier: *Das dritte Buch Moses.* [Wuppertal: R. Brockhaus, 1994], 427). Die Bezeichnung Erlassjahr entstammt der LXX (Ebd., 429).

129 Für einige Forscher handelt es sich um das 49. Jahr, so G.J. Wenham: *The Book of Leviticus.* TNICOT. (Grand Rapids, MI: Eerdmans, 1979), 317. Siehe zur Diskussion John E. Hartley: *Leviticus.* WBC. Bd. 4. (Dallas: Word Books, 1992), 434ff; Maier, *Das ditte Buch Moses,* 429.

Jahr nach den sieben Sabbatjahren, alle Schulden zu erlassen und die ursprünglich von Gott verordnete sozioökonomische Ordnung wiederherzustellen hatte.[130] War ein Hebräer in den zurückliegenden Jahren in eine ökonomische Abhängigkeit gekommen, sah er sich gar gezwungen, sein Land abzugeben oder im schlimmsten Fall sich selbst und seine Familie in den Frondienst zu verkaufen, so bot ihm das Erlassjahr die völlige Befreiung aus dieser Abhängigkeit. Er erhielt sein Land zurück, und er bzw. seine Familie sahen sich imstande, zu ihrer Sippe zurückzukehren und neu anzufangen. Im Text heißt es: „Das ist das Erlassjahr, da jedermann wieder zu dem Seinen kommen soll" (Lev. 25,13).

Das Erlassjahr verfolgte offensichtlich mehrere Ziele:

1. Es unterstrich das Prinzip der Gleichheit aller Mitglieder des Volkes Gottes in Fragen des Landbesitzes und damit der Hauptexistenzquelle der Menschen damals. Jede hebräische Familie hatte Land zugeteilt bekommen, und zwar Land, das weder einem Herrscher noch einem Gutsbesitzer gehörte. Israels Land gehörte Gott, und Gott allein (Lev. 25,23). Als solches war es im Grunde unverkäuflich. Die Misswirtschaft eines Hebräers entledigte ihn keineswegs seines Zugangs zu den Ressourcen für die Lebensgestaltung. Im Erlassjahr bekam jeder die Chance zum Neuanfang! Das Jubeljahr führte daher notwendigerweise zu einer *ökonomischen Erneuerung* des Volkes. Es wurde zum Garant für soziale Gerechtigkeit im Volk Gottes.[131] In seiner Reflexion der Setzungen dieses Jahres kann der Prophet Jesaja ausrufen: Jeder wird von seiner Hände Arbeit leben können und in Häusern selbst leben, die er baut.[132]

2. Es unterstrich das Prinzip Familie als Basis-Einheit der hebräischen

---

130 Zum Text in Lev. 25 siehe die Darstellung von Martin Noth: *Das dritte Buch Mose. Leviticus.* NTD 6. (Göttingen: Vandenhoeck & Ruprecht, 1962),160-169, der den historischen Hintergrund des Erlassjahres erhellt.
131 Wenham, *The Book of Leviticus,* 323.
132 Jes. 65.

Gesellschaft. Im Jubeljahr erhielt jeder Haushalt seine Chance zu einem gemeinsamen Neuanfang zurück.[133] In die Sklaverei verkaufte Familienmitglieder erhielten ihre Freiheit und kehrten zu ihrer Sippe, zum Haushalt ihres Vaters zurück (Lev. 25,10). Die Konzentration sozialer Macht in einigen wenigen Händen, Familien oder Clans war damit auf Dauer unmöglich und der Familienverband einem regelmäßigen Erneuerungsprozess unterzogen. Das Jubeljahr setzte daher den Prozess *sozialer Erneuerung* in Gang. Wiederum freuen sich die Propheten, weil sie als Folge des Erlasses das Lachen der Kinder auf den Straßen der Stadt vernahmen.[134]

3. Das Erlassjahr unterstrich Gottes Anspruch auf Volk und Land. Deutlicher konnte sein Machtanspruch nicht ausfallen. Mit dem Jubeljahr setzt Gott allen Machtgelüsten der Menschen ein Ende. Er ist es, der Israel regiert. Sie sind sein Volk. Er hat sie aus der Sklaverei Ägyptens befreit. Niemals mehr sollen sie zu Sklaven werden. Auch nicht zu Sklaven im eigenen Volk (Lev. 25,38). Ihm, und ihm allein haben sie zu gehorchen. Auf ihn allein sollen sie sich verlassen. Paul House hat recht, wenn er die Tatsache unterstreicht, dass die Vorschrift des Erlassjahres auf der Beziehung Israels zu seinem Gott ruht.[135] Das Erlassjahr kann nur funktionieren, wenn vier wichtige Voraussetzungen erfüllt werden, wenn die Hebräer

1. Gott fürchten (Lev. 25,17),
2. sich auf Gottes Fürsorge verlassen (Lev. 25,18-22),
3. ihr Land Gott, dem eigentlichen Landbesitzer, überlassen, der es ohne Ansehen der Person verteilt (Lev. 25,23-24).
4. und schließlich sich selbst als sein Eigentum sehen (Lev. 35-55).[136]

Es ging demnach im Erlassjahr im Wesentlichen um Gott und die

---

133 Wenham, *The Book of Leviticus*, 323; Hartley, *Leviticus*, 443, 445.
134 Sach. 8,1-12.
135 Paul R. House: *Old Testament Theology*. (Downers Grove: IVP, 1998), 147.
136 Ebd.

Beziehung seines Volkes zu ihm und zueinander. Da ist es verständlich, dass dem Jubeljahr eine *religiös-spirituelle Erneuerung* folgte. Jesaja bringt es auf den Kurzsatz: Sie werden nach mir rufen, und ich werde sagen: Hier bin ich! (Jes. 65,24.)

4. Und schließlich nahm das Jubeljahr das Volk Israel als Ganzes selbst in Verantwortung. Zum einen in die Verantwortung für das Schicksal eigener Volksgenossen. Damit aber nicht genug, das Erlassjahr schließt sogar die Verantwortung für die Ökologie mit ein. In diesem Jahr sollte das Land nicht bearbeitet werden und durfte sich von der Nutzung durch den Menschen erholen.[137] Es kommt zu einer ökologischen Erneuerung.

Somit ist das Erlassjahr ein Jahr *der Erneuerung des missionarischen Auftrags Gottes an sein Volk.* Sein Volk soll sein Verhältnis zu Gott, zu sich selbst und seinem Nächsten auf ein von Gott festgelegtes Fundament stellen.

Es ist bezeichnend, wie das Erlassjahr in den Schriften des Alten Testaments rezipiert wird. Hesekiel nennt das Erlassjahr ein Jahr der Vergebung (Hes. 46,17). Jesaja erblickt im Jubeljahr das Vorbild für die messianische Erneuerung Israels (siehe zB Jes. 49). Jesaja 61,1ff nimmt die Sprache des Jubeljahres auf, um auf das Werk des kommenden Messias hinzuweisen. Vergebung und Wiederherstellung im Alten Testament folgen dem Vorbild des Erlassjahres.[138]

Die Frage ist natürlich berechtigt, was die Verordnung des Sabbatjahres mit der neutestamentlichen Gemeinde zu tun hat. Weder lassen sich die ökonomischen noch die sozialen Verhältnisse der Zeit mit den Verhältnissen zur Zeit Jesu, geschweige von heute vergleichen. Oder doch? Die Berechtigung, die Rolle des Erlassjahres im Zusammenhang einer Theologie des Gemeindebaus zu diskutieren, kommt aus den

---

137 Hartley, *Leviticus*, 443.
138 Zur Rezeption im AT siehe Hartley, *Leviticus*, 446f.; Maier, *Das dritte Buch Moses*, 429f.

Worten Jesu. Sein Selbstverständnis scheint eng mit der Vorstellung vom Erlassjahr zusammenzuhängen.[139] Jesus bezieht die Erfüllung der prophetischen Verheißung des Kommens des Erlösers Israels in Jes. 61,1ff auf sich selbst (Lk. 4,16-30) und schließt sein Zitat mit dem Hinweis auf das angebrochene Gnadenjahr, das es nun zu verkünden gilt (Lk. 4,19). Für Jesus ist der Einbruch des Reiches Gottes, der mit seiner Person geschieht, mit der Ausrufung des Jubeljahres verbunden.[140]

John Howard Yoder (1927-1997) begründete in seinem 1972 erschienenen Buch „The Politics of Jesus"[141] seine Forderung nach einer Theologie, die an gesellschaftlicher Veränderung interessiert ist und sozialen Wandel fördert, mit der Lehre und dem Leben Jesu.[142] Sein soziales Verhalten sei normativ für eine christliche Sozialethik[143] und müsse vor dem Hintergrund des Jubeljahr-Gesetzes verstanden werden.[144] Yoder geht so weit zu behaupten: „Jesus proklamierte im Jahr 26 tatsächlich ein Jubeljahr nach den mosaischen Sabbat-vorschriften: ein Jubeljahr, das in der Lage war, die sozialen Probleme Israels durch Schuldenerlass und durch die Befreiung von Schuldnern, deren Zahlungsunfähigkeit sie zur Sklaverei erniedrigt hätte, lösen zu können."[145]

Die deutliche Verbindung des Selbstverständnisses und des Dienstes Jesu mit dem Erlassjahr macht die Annahme des Metanarratives für

---

139 Christopher J.H. Wright: Old Testament Theology of Mission. In: *Evangelical Dictionary of World Mission*. Ed. by A. Scott Moreau. (Grand Rapids: Baker, 2000), 708; Hartley, *Leviticus*, 447f.

140 Zu den unterschiedlichen Interpretationen dieses Textes und deren Bedeutung für die Mission siehe: Robert Willoughby: „The Concept of Jubilee and Luke 4,18-30". In: *Mission and Meaning. Essays presented to Peter Cotterell*, hrsg. von Antany Billington, Tony Lane und Max Turner. (Carlisle: Paternos-ter,1995), 41-55.

141 Deutsch: John Howard Yoder: *Die Politik Jesu - der Weg des Kreuzes*. (Max-dorf: Agape, 1981).

142 Ebd., 25-26.

143 Ebd., 21.

144 Ebd., 59-69.

145 Ebd., 67.

die Wiederherstellung der Herrschaft Gottes in der Vorschrift des Erlassjahres zwingend. Mit Jesus ist also das Gnadenjahr angebrochen (Lk. 4,19). Jetzt kann die Realisierung des Erlassprogramms beginnen. Durch göttliche Gnade ist die Amnestie aller Verschuldeten, die Freilassung der Gefangenen und Wiedereinsetzung der Gebeugten in ihren von Gott bestimmten Besitz, zu einer erfahrbaren Wirklichkeit geworden. Freilich ist das NUR in Christus möglich! In IHM findet die Erfüllung des Erlassjahres statt. Die Sprache der Evangelien macht deutlich, wie stark das Motiv des Erlassjahres Jesu Worte und Taten durchzieht. Nur, wer in Christus ist, ist jene Kreatur, die dabei ist, in allem neu zu werden (2Kor. 5,17). In Ihm ist die Versöhnung möglich.

Und die Gemeinde ist die Botschafterin dieser Versöhnung. Ihr obliegt es, das Gnadenjahr zu verkündigen, genau so, wie es Jesus tat (Joh. 20,21). Dabei sollte sie sich davor hüten, ihren Auftrag zu schnell zu spiritualisieren oder zu sozialisieren. Extreme greifen in der Regel zu kurz. Haben wir den Mut und bleiben bei dem Wortlaut des Textes. Paul Hertig hat recht, wenn er in Bezug auf Lk. 4, 16-30 schreibt: „Lukas erlaubt uns nicht, diese Jubeljahr-Sprache als blumige Metaphern oder geistliche Allegorien auszulegen ... Jesus hat das Jubeljahr erfüllt. Seine radikale Mission war dieselbe Mission Gottes, wie sie in der alttestamentlichen Verkündigung des Erlassjahres festgelegt ist. In vier Aspekten ist diese Mission im Lukasevangelium erhalten:

1. Es ist beides, Verkündigung und Tat;
2. Es ist beides, geistlich und sozial;
3. Es ist beides, für Israel und die Nationen;
4. Es ist beides, gegenwärtig und eschatologisch."[146]

Für unseren Zusammenhang sind die Felder, in denen die Veränderung

---

146 Paul Hertig: *Matthew's Narrative Use of Galilee in the Multicultural and Missiological Journeys of Jesus* (Mellen Biblical Press Series). (Lewiston, NY: Edwin Mellen, 1998), 176f. (Übersetzung von mir). Siehe auch Christopher Wright: *The Mission of God. Unlocking the Bible's Grand Narrative.* (Downers Grove: IVP, 2006), 301.

im Zuge der herannahenden Herrschaft Gottes sichtbar werden muss,
von herausragender Bedeutung. Themen, die Gott wichtig sind, sollten
für seine Gemeinde zentral sein. Entlang solcher Fragestellungen
wird die Gemeinde ihren Auftrag im sozialen Raum formulieren.
Auf solchen Feldern kann und muss sie bewusst zusammen mit den
Menschen vor Ort arbeiten. Nach den Setzungen des Erlassjahres sind
diese Felder, und damit auch Themen, deutlich genannt. Gott geht
es um gesundes Familienleben, soziale Gerechtigkeit, gesundheitliche
und soziale Versorgung für alle Altersgruppen, umfassenden
Wohlstand und um ökologische Verantwortung. Das alles sind aber
die Themen der Stadtentwickler. Menschen strömen in die Stadt auf
der Suche nach Wohlstand und finden nicht selten eine Welt vor, in
der nur der Stärkere gewinnt, in der Reiche reicher und Arme ärmer
werden. In der Stadt herrscht soziale Ungerechtigkeit, und Ressourcen
werden ungleich und ungerecht verteilt. Nirgendwo sonst vereinsamen
Menschen so wie in der Stadt. Kein Wunder, dass das Evangelium, wie
Jesus es predigte, zuerst in den Städten des Römischen Reiches gehört
wurde.

5.6. Bauen auf Fortpflanzung hin

Gemeindebau in der Stadt ist flexicurer Natur. Dieser Begriff, der neu-
erdings von Arbeitsmarktstrategen benutzt wird, beschreibt ein
Höchstmaß an Flexibilität auf der einen und Sicherheit (Security) auf
der anderen Seite.[147] So ist die Stadt: immer in Bewegung und immer
auf der Suche nach Harmonie und Sicherheit. Stadtteile, die gestern
noch Orte bürgerlichen Lebens und so typisch für die gutsituierte Mittelklasse waren, entwickeln sich schon morgen zu Migranten-Siedlun-
gen mit bunter und recht unstabiler Bevölkerung. Die Gemeinde, die
in so einem Stadtteil vor Jahrzehnten entstand, sieht sich auf einmal in
einer völlig fremden Umgebung. Ihre Gottesdienstbesucher sind weg-

---

147 Zum Begriff und seiner Bedeutung siehe unter anderem: Michael Eder: *Flexicurity – Verbindung von Flexibilität und sozialer Sicherheit am Arbeitsmarkt.
Befunde aus der Praxis.* (Düsseldorf: Trauner Verlag, 2008.)

gezogen und bleiben auch dem kirchlichen Leben fern. Die neuen Nachbarn verstehen die Formen und die Inhalte dessen, was die Kirche will, nicht und zeigen kein Interesse an dem, was sie bietet. Und nicht selten will sich die Kirche selbst mit diesen neuen, aus der weiten Welt stammenden Einwanderern nicht einlassen. Die evangelische Kapernaum-Kirche in Hamburg-Horn ist dafür ein klassisches Beispiel. 1961 erbaut, wurde das Gebäude in den letzten Jahren zunehmend zur Last für die schrumpfende Glaubensgemeinde. Schließlich wurde es an einen Investor verkauft, der es seinerseits dann an den islamischen Al-Nour-Verein verkaufte. Jetzt wird die Kirche zu einer Moschee umgebaut.[148]

Abb. 4: Die ehemalige Kapernaum-Kirche in Hamburg-Horn mit dem Schriftzug „Allah" in Arabisch an der Stelle des Kreuzes[149]

148 Monika Dittrich: Wenn die Kirche zur Moschee wird. In: http://www.deutsch-landfunk.de/sakrale-gebaeude-in-deutschland-wenn-die-kirche-zur-moschee-wird.2540.de.html?dram:article_id=387731 (letzter Zugriff: 6.11.2017).
149 Foto: Ebd.

Hunderte anderer Kirchen in den Großstädten des Landes stehen heute leer oder werden entwidmet und anderweitig genutzt. Allein im Bereich der Evangelischen Kirche wurden zwischen 1990 und 2014 100 Kirchenhäuser abgerissen und mehr als 300 für nicht-kirchliche Zwecke genutzt.[150] Der Wegzug der ursprünglichen christlichen Bevölkerung lässt alle Gemeinden, ob in den Landes- oder Freikirchen, vor dem Problem der Existenzsicherung stehen. Und auch, wenn es nicht Migranten, sondern andere deutsche Milieus sind, die das neue Bild des Stadtteils prägen, erweisen sich alte Formen als inadäquat und führen zu Stagnation und letztlich zur Aufgabe kirchlicher Strukturen. Hier wäre ein durchdachtes Modell des Gemeindebaus, das Gemeindegründung und Gemeindeneugründung in das Gemeindeaufbau-Konzept mit aufnimmt, enorm wichtig. Ein milieubasiertes Konzept, wie es Hempelmann vorgeschlagen hat, könnte bspw. eine Alternative sein.[151]

Die Erfahrungen in der anglikanischen Kirche Großbritanniens machen diesbezüglich Mut. Bob Hopkins setzt sich mit den Lebensphasen einer Kirchengemeinde in flexiblen sozialen Räumen auseinander. Er lehnt sich dabei an den Lebenszyklus einer Familie an und stellt in seiner Gra-fik[152] sieben Lebensphasen der Entwicklung eines Lebenszyklus der Ge-meinde - von der Pflanzung bis zur missionarischen Fortpflanzung - vor Ort dar. Nach Hopkins wird das Konzept von der Idee der Fortpflan-zung der Gemeinde getragen. Danach besteht der eigentliche Sinn der Existenz der Gemeinde in der Erfüllung des missionarischen Auftrags. Die Gemeinde wird im örtlichen Gemeinwesen gebaut, um sich von hier-aus in der Nachbarschaft auszubreiten. Erst wenn diese missionarische Haltung in der Gemeinde prinzipiell angenommen wird, kann sie eine flexicure Natur entwickeln und auf die sozialen Bewegungen in der Stadt antworten. Hopkins nennt folgende sieben Phasen eines Lebenszyklus:

---

150 Ebd.
151 http://www.evangelisch.de/inhalte/85853/01-07-2013/hempelmann-dem-
    evangelium-den-milieus-gestalt-geben (letzter Zugriff: 2.11.2017).
152 Eine vergleichbare Grafik stellt die ACPI auf ihrer Website dar (siehe http://
    www.acpi.org.uk/joomla/index.php-option=com_content&task=view&id=75
    &Itemid=65&limit=1&limitstart=1.html (letzter Zugriff: 26.07.2017).

1. *Empfängnis*: Leiter und Mitglieder einer Gemeinde entwickeln eine Vision für Mission durch die Pflanzung einer neuen Gemeinde.
2. *Schwangerschaft*: Ein Team wird gebildet und beginnt mit einer Situationsanalyse, Aktionen nach außen und Gebet.
3. *Geburt*: Die neue Gemeinde geht an die Öffentlichkeit.
4. *Kindheit*: Die junge Gemeinde lernt trotz Abhängigkeit von der Mutter auf eigenen Füßen zu stehen.
5. *Pubertät*: Die Gemeinde wird immer unabhängiger und entwickelt eine eigene Identität.
6. *Erwachsensein*: Die Gemeinde ist selbst reif zur Fortpflanzung.
7. *Fortpflanzung* ist als Ziel oder Abschluss des Pflanzungsprozesses zu verstehen, welcher aber gleichzeitig einen neuen in Gang setzt.[153]

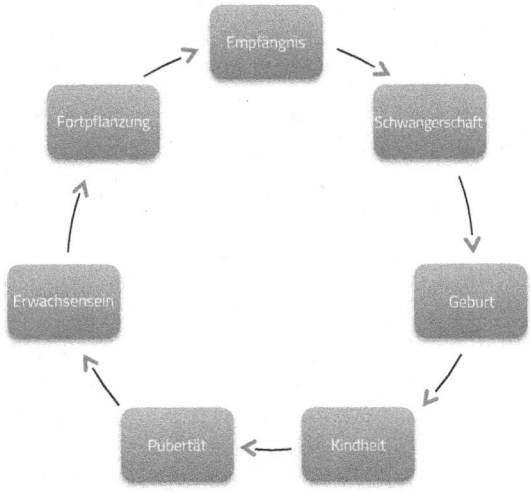

Abb. 5: Lebenszyklus missionarischer Gemeinde (LZMG) nach Hopkins

---

153 Hopkins, *Praxisbuch Gemeinde pflanzen*, 8.

Die Phasen teilt Hopkins in „nicht öffentliche" und „öffentliche" ein. Die „nicht öffentlichen" Phasen (*Empfängnis, Schwangerschaft* und *Geburt*) sind diejenigen, die primär von der Muttergemeinde durchlebt werden, während die „öffentlichen" *(Kindheit, Pubertät, Erwachsensein)* den Reifungsprozess der Tochtergemeinde beschreiben und auf die siebte und letzte Phase *Fortpflanzung* zielen.[154] Auf diesen Reifungsprozess kann die „3x-Selbst-Formel", welche auf das Prinzip der Selbstbestimmung von Henry Venn (1796-1873) zurückgeht, übertragen werden. „Diese Schlagwörter beschreiben sehr gut die drei Dimensionen einer reifenden Gemeinde. [...] Mit ihrer Hilfe kann man auf ganz praktische Weise den Grad der Interdependenz messen [...]." Es handelt sich um folgende[155]:

(a) *Selbst verwalten:* Das heißt nicht, keine Verbindung zur Muttergemeinde oder anderen Gemeinden zu haben, sondern die eigenen Angelegenheiten so weit wie möglich selbst zu regeln und Verantwortung zu übernehmen. Das ist ein beidseitiger Lernprozess, denn auch „Muttergemeinden mit zu viel Beschützerinstinkt müssen lernen, Kontrolle und Macht abzugeben und sich über die Unabhängigkeit und den Austausch mit der neuen Gemeinde zu freuen und sie zu genießen".

(b) *Selbst finanzieren:* Ein Ausdruck der Selbstverwaltung ist es, sich selbst zu finanzieren, also nicht mehr von der finanziellen Unterstützung der Muttergemeinde abhängig zu sein, sondern Wege zu finden, die benötigten Mittel selbst zu „erwirtschaften". Dafür ist es schon in frühen Phasen der Tochtergemeinde sinnvoll, die Kosten und Ausgaben offenzulegen.

(c) *Selbst vermehren:* Ziel des Reifungsprozesses der Tochtergemeinde ist es, sich selbst zu vermehren. Um dies zu erreichen, muss die heranwachsende Gemeinde die Gaben und Dienste ihrer Mitglieder fördern und die nächste Generation von Leitern schulen. „Die

---

154 Hopkins, *Praxisbuch Gemeinde pflanzen*, 8-9.
155 Ebd.

innere Verpflichtung, sich auszubreiten und zu vermehren, sollte im Denken aller Leiter und Gemeindeglieder verankert sein."

Für die einzelnen Phasen gibt es sehr detaillierte, praxisorientierte Anleitungen und Ausarbeitungen, die eine Gemeinde im Pflanzungsprozess methodisch durch die einzelnen Schritte leiten.[156]

Gemeinde bauen, um neue Gemeinden zu gründen – hier liegt eine wesentliche Antwort auf das Problem der städtischen Gemeinden heute. Ist eine Gemeinde im Fortpflanzungsmodus, so wird sie sich immer wieder darum bemühen, sich den Menschen in ihrer Umgebung anzunähern. Bevölkerungsbewegungen werden schnell notiert und die Programme der Gemeinde angepasst. Migration aus der Gemeinde wird zum Instrument der Fortpflanzung. So kommt es zu einer permanenten Erneuerung der Gemeinde vor Ort.

5.7. Eine Gemeinde – viele Gottesdienste

Gemeinden im Fortpflanzungsmodus gründen neue Gemeinden in der Nachbarschaft. Dabei muss eine solche Gründung nicht notwendigerweise bedeuten, dass sich die gegründete Tochtergemeinde von der Mutter auch strukturell trennt. Das muss gerade im Kontext der Stadt nicht immer hilfreich sein. Die neue Gemeinde ist ja oft viel innovativer, und wird sie strukturell selbstständig, steht sie möglicherweise in der Gefahr, sogar aus der Muttergemeinde Mitglieder bewusst oder unbewusst abzuwerben. Bleibt man dagegen eine strukturelle Einheit, die sich in unterschiedlichen Nachbarschaften in unterschiedlicher Form konstituiert und trotzdem unter einer gemeinsamen strategischen Leitung bleibt, dann werden solche Prozesse bewusst gesteuert und Reibungen auf Dauer vermieden. Die Leitung kann dann in beiden Gemeinden jenes kreatives Potenzial fördern, das zum missionarischen Aufbau sowohl der Mutter- als auch der Tochtergemeinde dient.

---

156 http://www.acpi.org.uk/joomla/index.php-option=com_content&task=blog-section&id=6&Itemid=54.html (letzter Zugriff: 1.12.2017).

Wie das funktioniert, zeigen uns die unterschiedlichen Konzepte von Netzwerk-, Multisite- und multikulturellen Gemeinden. Unter einer Netzwerkgemeinde versteht man heute ein gemeinsam strategisch geleitetes Netz unterschiedlicher Gemeindeformen, die sich im überschaubaren sozialen Raum, zum Beispiel in einer Großstadt, gegenseitig dabei unterstützen, das Evangelium möglichst effektiv in die Bevölkerung zu bringen. Die Briten reden auch von einer Art „mixed economy" unter einem kirchlichen Dach. Wichtige Bestandteile solcher Gemeinden sind (a) gemeinsame, strategische Leitung und Vision, (b) unterschiedliche Lokal-Teilgemeinden, die sich in Form und Programm wesentlich voneinander unterscheiden können und unter einer eigenen operative Leitung stehen, und (c) gemeinsame Trainingsprogramme, Veranstaltungen und Konferenzen in regelmäßigen Abständen, die die Einheit des Netzwerkes fördern. Als Beispiel eines solchen Programms kann die Mennonitische Brüdergemeinde in Bielefeld gelten, die ihre Gottesdienste an drei Standorten in der Stadt gestaltet, eine gemeinsame Leitung und mehrere gemeinsame Programme fährt.[157] Eine Spielart der Netzwerkgemeinde ist das Multi-Site-Konzept. Es funktioniert ähnlich wie eine Netzwerkgemeinde, allerdings oft mit dem Unterschied, dass die Programme viel mehr aufeinander abgestimmt werden. In Deutschland ist die Elim-Kirche in Hamburg mit ihren verschiedenen Standorten ein gutes Beispiel dieses Konzepts.[158]

Multikulturelle Gemeinden arbeiten ähnlich wie die zwei oben genannten Modelle, konzentrieren sich allerdings auf die unterschiedlichen kulturellen Gruppen am Ort. Es sind mehrsprachige Gemeinden, die ihre evangelistische und jüngerschaftliche Basis-Arbeit immer in der Sprache und Form der jeweiligen kulturellen Gruppe gestalten. Hier gibt es dann Evangelisationsprogramme, Hauskreise und Gottesdienste in der jeweiligen Sprache – und zwar bewusst parallel zu den anderen Gruppen in der Gemeinde. Kinder- und Jugendarbeit, Diako-

---

157 http://www.mbg-heepen.de (letzter Zugriff: 6.11.2017).
158 http://www.elim-hamburg.de (letzter Zugriff: 6.11.2017). Mehr Information zum Thema in: Scott McConnell: *Multi-Site Churches: Guidance for the Movement's Next.* (Nashville, TN: B&H Books, 2009.).

nie und Außenmission werden dagegen gemeinsam betrieben. Auch hier wird die Gemeinde von einer gemeinsamen strategischen Leitung geführt, die bewusst operative Leitungen für die jeweilige kulturelle Arbeit installiert. Bewusst werden regelmäßige gemeinsame Gottesdienste, Konferenzen und andere Veranstaltungen durchgeführt, um so die Einheit der Gemeinde zu stärken. Ein beeindruckendes Beispiel für dieses Modell in Deutschland bietet die CLW-Internationale Kirche in Bonn.[159]

Dezentrale Gemeindemodelle wie die oben genannten ermöglichen ein Höchstmaß an Flexibilität bei gleichzeitiger Absicherung in der gemeinsamen Struktur, Geschichte und Leitungskompetenz. Die so entstehende „gemischte Gemeinde" kann auf die Herausforderungen der Stadt reagieren, neue Nachbarschaften erreichen und kreativ in flexible Formen integrieren. Sie scheinen eine überaus wichtige Alternative sowohl zu den parochialen Strukturen der Landeskirchen als auch zu den kategorialen Entwürfen der Freikirchen zu sein.

5.8. Urbane Diaspora – Chance für urbanen Gemeindebau

5.8.1. Diasporale Gemeinschaften – was ist gemeint?

Die Völkerbewegungen der Gegenwart haben ein neues Phänomen geschaffen, das als Diaspora bezeichnet wird. Diaspora, aus dem griechischen *diaspora,* abgeleitet vom Kompositumverb *diaspeiro*, übersetzt als „ausstreuen, sich zerstreuen, getrennt werden", beschreibt eine Gemeinschaft, die in ein fremdes Land ausgewandert ist, aber immer noch eine an der ursprünglichen Heimat orientierte, gemeinsame Identität pflegt.[160] Der Begriff wurde ursprünglich für Juden, die im

---

159 https://www.clwbonn.de (letzter Zugriff: 6.11.2017). Zu diesem Modell siehe mehr in Reimer: *Multikultureller Gemeindebau.*
160 Martin Baumann: Art. Diaspora, in: RGG, 4. Auflage. (Tübingen: Mohr-Siebeck, 1999), 826; Robin Cohen: *Global Diasporas: An Introduction.* (Seattle, WA: University of Washington Press, 1997), ix.

Jahr 607 v. Chr. durch die Babylonier und 70 n. Chr. durch die Römer in alle Welt verstreut wurden.[161]

Erst seit der Mitte der 1950er Jahre wurde der Begriff für Einwanderer allgemein gebraucht, die für längere Zeit in neuen Ländern siedelten, auch wenn der Sachverhalt an sich jahrhundertealt sein dürfte.[162] In der Literatur wird er recht unterschiedlich gebraucht. Ich beziehe ihn auf gruppenspezifische Diasporas. Solche Migranten leben verwurzelt in der neuen Heimat und unterhalten zugleich intensive Beziehungen zu ihrem Heimatland oder auch zu Menschen aus der Heimat, die sich möglicherweise in anderen Ländern angesiedelt haben. Glick und ihr Team nennen sie Transmigranten.[163] Diese Menschen finden sich in unterschiedlichen Kontexten zurecht und unterhalten mehrere Identitäten zugleich. „Als Resultat sind Familie und Verwandschaft aus lokalen Verhältnissen auf eine globale Ebene gehoben worden ...", schreiben Ali-Ali und Koser.[164] Transmigrante Gemeinschaften bilden Netzwerke über Grenzen hinweg. Boys schreibt:

„Netzwerke verbinden Migranten über Zeit und Raum. Einmal begonnen, reflektieren sie bald ein selbstreguliertes System, das den Fluss an Informationen, gegenseitiger Hilfe und Unterstützung unter Migranten in der Gast-Kultur auf der einen und Heimat auf der anderen Seite ermöglicht."[165]

---

161 Walter Fleischmann-Bisten: Art. Jüdische Diaspora, in: RGG, 4. Auflage. (Tübingen: Mohr Siebeck, 1999), 827f.; siehe auch Narry F. Santos: Exploring the Major Dispersation Terms and Realities in the Bible. In: WAN, Enoch. Ed. 2011. *Diaspora Missiology: Theory, Methodology and Practice.* (Portland, OR: Institute of Diaspora Studies, 2011), 35-52.

162 Siehe dazu die Ausführungen von Amador Remigio, Jr.: Globalization, Diasporas, Urbanization and Pluralism in the 21st Century: A Compelling Narrative for the Missió Dei? In: *Scattered and Gathered. A Global Compendium on Diaspora Missiology,* ed. by Sadri Joy Tira and Tetsunao Yamamori. (Oxford: Regnum, 2016),15ff.

163 Nina Glick u.a.: From Immigrant to Transmigrant: Theorizing Transnational Migration. In: *Anthropological Quarterly,* Vol. 68/ No. 1/1995, 48-63.

164 Nadje Ali-Ali and Khalid Koser: *New Approaches to Migration? Transnational Communities and the Transformation of Home.* (New York, NY: Routledge, 2002), 3-4. (Übersetzung von mir.)

165 M. Boyd: Family and personal networks in international migration: Recent developments and new agendas. In: *International Migration Review* 23/3, 1989, 641.

eine Zeile zuviel

Diasporas zeichnen sich durch bestimmte Merkmale aus. Zum einen sind diese Gemeinschaften sowohl mit der neuen als auch alten Heimat eng verbunden. Das war bereits in der Jüdischen Diaspora bemerkenswert ausgeprägt.[166] Heute, in Zeiten hochentwickelter und leicht zugänglicher Kommunikation sowie schneller Reisewege, werden *Transnationalität und Konnektivität* noch intensiviert.[167] Migranten verlassen zwar ihre Heimat, aber brechen die Verbindungen nicht ab, und da, wo Mitglieder derselben Gruppe in andere Länder ausgewandert sind, versuchen sie auch hier, Beziehungen untereinander aufrechtzuerhalten. Ahmed zum Beispiel kommt aus der Türkei. Er ist in Deutschland aufgewachsen, nichtsdestotrotz unterhält er enge Beziehungen zu seinen Verwandten sowohl in der Türkei als auch zu denen in Frankreich, England, Kanada und den USA. Die türkische Diaspora, zu der er gehört, verbindet ihn aufs Engste mit allen diesen Welten und macht ihn zu einem transnationalen Bürger.

Auf der anderen Seite tendieren Diasporas aber auch zur Bildung von *Parallelwelten* und fördern damit auf der einen Seite soziale Identitätsbildung der Minderheit, auf der anderen die Desintegration ihrer Mitglieder von der Gesellschaft und Kultur, in der sie leben.[168] Eine solche diasporale Gemeinschaft unterscheidet sich nach Safran durch folgende Identitätsmarker[169]:

1. Gemeinsamer Herkunftsort, der als ein gewisses symbolisches Zentrum des Lebens in der Diaspora gesehen werden kann;

---

166 See for instance: Ted Rubesh: Diaspora Distinctives: The Jewish Diaspora Experience in the Old Testament. In: *WAN*, Enoch. Ed. 2011. Diaspora Missiology: Theory, Methodology and Practice. (Portland, OR: Institut of Diaspora Studies, 2011), 53-86.

167 Enoch Wan: Diaspora Missiology: Theory, Methodology and Practice. (Portland, OR: Institut of Diaspora Studies, 2011), 31.

168 Paloma Fernandez de la Hoz: *Familienleben, Transnationalität und Diaspora*. (Wien: Österreichisches Institut für Familienforschung, 2004), 17-18; Eberhard Werner: Migration und Flucht. – Diaspora als Lebensmitte. Einleitende missiologische Überlegungen. In: em 32/2016/2, 94f.

169 William Safran: Diasporas in Modern Societies: Myth of Homeland and Return. In: Diaspora: *A Journal of Transnational Studies*, Volume 1, Number 1, Spring 1991, 83-84; Fernandez de la Hoz, *Familienleben*, 20-21.

2. gemeinsame Symbole, Mythen und Erzählungen;
3. gemeinsame Sehnsucht nach der verlorenen Heimat und die Hoffnung, eines Tages zurückzukehren;
4. gemeinsames Gefühl, zu einer Minderheit in der Gesellschaft zu gehören;
5. gemeinsame Solidarität mit dem Herkunftsland;
6. gemeinsame Identität durch die Zugehörigkeit zur selben ethnischen und sozialen Gruppe und das Gefühl, ein gemeinsames Schicksal zu teilen.

Eine so geschlossene Gemeinschaft kann sowohl positive als auch negative Auswirkungen haben. Während eine bewusst gelebte Identität eine unbedingte Voraussetzung für jeden gesellschaftlichen Diskurs und damit auch die Integration in die Mehrheitsgesellschaft darstellt, fördert sie zugleich auch den Rückzug in die eigene Welt. Eberhard Werner schreibt: „Besonders negative Folgen sind politische und religiöse Radikalisierungen, wirtschaftliche Verarmung, soziale ethnische Spannungen sowie die damit einhergehende Kriminalisierung …"[170] In Deutschland kann man diese Entwicklung am besten in der türkischen Diaspora studieren.[171] Als Mitglied der türkischen Diaspora kann Ahmed leicht unter den Einfluss nonkonformistischer Gruppierungen in seiner Diaspora geraten und somit eventuell ganz den Kontakt zu der deutschen Gesellschaft verlieren. So etwas Ähnliches findet zurzeit unter jungen Muslimen in allen westeuropäischen Gesellschaften durch die salafistische Bewegung statt.

Und schließlich formieren sich Diasporas und diasporale Gemeinschaften entlang von **Großfamilienbeziehungen und Klanstrukturen**.[172] Soziologen mahnen, dass erfolgreiche Integration von Migranten in Diasporas unmittelbar von der Offenheit der jeweiligen Familie für

---

170 Werner, Migration und Flucht, 96.
171 Ebd., 94-95.
172 Fernandez de la Hoz, *Familienleben*, 24; Remigio, Globalization, 21.

Veränderungen abhängt.[173] Die Familie entscheidet, ob man sich von der Gesellschaft isoliert oder integriert. Diasporas bieten Chancen für Veränderungen. Aber wie werden Veränderungen in Diasporas iniitiert? Wie bereit sind solche Gemeinschaften, sich in die Gastkultur wirklich zu integrieren? Und sind sie in der Tat eine Plattform für eine missionarische Durchdringung von Migranten-Gruppen oder eher nicht?

Die weit meisten diasporalen Gemeinschaften entwickeln sich in Deutschland in den Städten. Hier finden die Einwanderer günstige Bedingungen für eine dauerhafte Ansiedlung und Entwicklung.

5.8.2. Diasporas – eine neue Perspektive für Mission

In unserem Zusammenhang werden wir von der Fragestellung geleitet, wie man heute christliche Gemeinden im Kontext der Stadt bauen kann. Die diasporale Entwicklung in der Stadt stellt uns vor die Frage, inwieweit dieses Phänomen eine Herausforderung und sogar Chance für den Gemeindeaufbau sein kann.[174] Eine Reihe von Untersuchungen diasporaler Gemeinschaften unterstreicht diese Vermutung. Im Blick auf Europa ist die Studie von Darrel Jackson und Alessia Passareli mit dem Titel: *Mapping Migration, Mapping Churches' Responses: A Europe Study*[175], besonders zu erwähnen. Die Studie wurde vom ÖRK veröffentlicht. Die Autoren stellen die entsprechenden Entwicklungen in Europa vor und beschreiben Wege,

---

173 Paloma Fernandez de la Hoz & Johannes Pflegerl (Hrsg.): Familie als Schlüssel zur Integration. In: Bundesministerium für Umwelt, Jugend und Familie: *Zur Situation von Familie und Familienpolitik in Österreich* – 4. Österreichischer Familienbericht: Familie zwischen Anspruch und Alltag. (Wien: Bundesministerium für Umwelt, Jugend und Familie, 1999), 364ff.

174 Die missiologische Diskussion zum Thema hat gerade erst wirklich begonnen. Siehe unter anderem: Hun Kim and Wonsuk Ma: *Korean Diaspora and Christian Mission* (Oxford: Regnum Books, 2011); Wan, *Diaspora Missiology*; u.a.

175 Darrel Jackson & Alessia Passareli: *Mapping Migration, Mapping Churches' Reponses*. Geneva: Churches Commission for Migrations in Europe, WCC. In: http://www.ccme.be/fileadmin/filer/ccme/70_DOWNLOADS/20_Publications/2016-01-08-Mapping_Migration_2015_Online__lo-res___2_.pdf (letzter Zugriff: 17.05.2016).

wie unterschiedliche europäische Kirchen sich diesen neuen Herausforderungen stellen.

Alle Studien betonen die enormen Chancen, die diasporale Gemeinschaften für Mission und Evangelisation bieten. Man vermutet gar, dass diese eine nie dagewesene Plattform für eine Neuevangelisierung Europas bieten. Die Gründe hierfür liegen im Wesen dieser Gemeinschaften selbst: (a) Sie sind transnational und eng miteinander verbunden, (b) sie bieten das Gefühl der Zusammengehörigkeit, (c) sie sind großfamilienzentriert, (d) sie überbrücken ethnokulturelle Grenzen, und (e) sie bieten eine Plattform für die Verwirklichung des neutestamentlichen Modells der Evangelisation und Mission. Sehen wir uns diese Vorteile einmal genauer an.

(a) Transnationale Konnektivität

Diasporas entwickeln sich in Ländern, die Einwanderer aufnehmen. Zugleich aber pflegen diese Gemeinschaften intensive Kontakte in die alte Heimat und zu ihren Landsleuten in anderen Ländern, die sich ähnlich in einer diasporalen Gemeinschaft mit der gleichen Herkunft befinden. Russen in den USA sind so nicht nur mit ihrer russischen Heimat, sondern gleichzeitig mit anderen in der Welt verstreuten Russen verbunden. Ähnlich wie Chinesen, Koreaner, Griechen oder Armenier. Sie alle sprechen die gleiche Sprache, teilen ähnliche, kulturelle Werte und haben ähnliche Träume und Sehnsüchte. Die gemeinsame Herkunft definiert jene Vertrauensplattform, die Mission erst ermöglicht. Der Amerikaner Marvin Mayers sprach an dieser Stelle von der *Question of Prior Trust (QPT)*, der Frage nach dem Basisvertrauen, das grundlegend ist für die christliche Mission.[176]

Die beschriebene Konnektivität der diasporalen Gemeinschaft definiert Ansätze für Evangelisation und Mission, die den oft mühsamen Prozess der Akkulturation der Missionare weitgehend obsolet ma-

---

176 Marvin Mayers: *Christianity Confronts Culture. A Strategy for Cross-Cultural Evangelism.* (Grand Rapids: Zondervan, 1981), 32ff.

chen und auch Kontextualisierung und Inkulturation der Botschaft des Evangeliums wesentlich erleichtern. Hier missionieren Russen in der „russischen Diaspora" andere Russen, Chinesen Chinesen und Türken Türken.

(b) Gastfreundschaft und Willkommenskultur

Diasporas verbinden Menschen gleicher Herkunft. Sie werden von einem Zusammengehörigkeitsgefühl getragen. Gastfreundschaft wird hier großgeschrieben, weil sie die Erinnerungen an die Heimat kultiviert und eine besondere Identität stiftet. Eine ausgesprochene Willkommenskultur ist das Identitätsmerkmal diasporaler Gemeinschaften. Aber Gastfreundschaft richtet sich nicht nur an die eigenen Landsleute. Man lebt in einer neuen Heimat und sucht nach Wegen, auch hier anzukommen. Und deshalb ist man in der Regel auch offen, die unmittelbaren Nachbarn im Gastland willkommen zu heißen.

Mission wird ermöglicht durch ein tragfähiges gastfreundliches soziales Netz. Gastfreundschaft war ein Schlüssel für die schnelle Ausbreitung des Evangeliums im ersten Jahrhundert. Und das ist auch heute nicht anders. Die Korrelation zwischen Willkommenskultur und Evangelisation ist ausreichend belegt.[177]

(c) Großfamilien-Zentriertheit

Diasporas entwickeln sich um Familien und Klans herum. Stolz berichtet der Kurde Mehmet, dass er Verwandte in allen europäischen Ländern, und sogar in USA und Kanada, habe. Seine Familie hat sich im Zug der militärischen Auseinandersetzungen zwischen dem türkischen Staat und der kurdischen PKK in alle Welt zerstreut. Mehmet ist mittlerweile deutscher Bürger, aber seine Familie steht für ihn über allem, und deshalb kann er auch überall, wo seine Familie lebt, ein Zuhause finden. Der Familienbezug in diasporalen Gemeinschaften ist enorm wichtig auch für eine missionarische Durchdringung der Diasporas. Die meisten Menschen kommen durch Familie zum Glauben an Jesus Christus. Die Familie ist in jeder Hinsicht Gottes besonderer

---

177 Siehe dazu Reimer: *Hereinspaziert*.

Agent der Mission.[178] Das Evangelium kann innerhalb einer Familie auf fast natürliche Art und Weise verbreitet werden.

(d) Flexicurity

Die Mitglieder einer diasporalen Gemeinschaft leben in zwei Welten – der Herkunfts- und der Gastkultur mit all den dazugehörigen Herausforderungen und Chancen. So pflegen sie ihre Wurzeln und lernen zugleich fliegen. Soziologen sprechen heute von Flexicurity (zusammengesetzt aus Flexibilität und Sekurität), die ein Mensch braucht, wenn er frei innerhalb zweier Kulturen leben will.[179] Bikulturelle Personen sind immer zugleich flexibel und tief verwurzelt in beiden Kulturen, in denen sie leben. Flexicurity macht die diasporale Gemeinschaft fähig, Veränderungen leichter anzunehmen, auch wenn es um religiöse Veränderung geht. So entsteht jene religiöse Ansprechbarkeit, die für die Annahme des Evangeliums unabdingbar ist.[180]

(e) Biblisches Modell

Die Ausbreitung des Evangeliums im ersten Jahrhundert begann durch die Verfolgung und anschließende Verstreuung der ersten Christen in Jerusalem (Apg. 8,1-8; 11,9ff.). Die verfolgten Juden gingen in die jüdischen Diasporas. Und schon bald entstanden überall im Römischen Reich christliche Gemeinden. Barnabas and Paulus gehen auf ihren Missionsreisen bewusst die jüdischen Diasporas an[181], ähnlich Priscilla und Aquila, die gezwungen werden, Rom zu verlassen (Apg. 18,2), und Apollos aus Alexandria in Ägypten, der nach Ephesus kommt und sich hier der diasporalen Gemeinschaft anschließt und missionarisch aktiv wird (Apg. 18,24-28). Seine Heimat Alexandria beherbergte die größte jüdische Diaspora in der gesamten hellenisti-

---

178 Siehe dazu Reimer, Familie – *Zukunft der Kirche*.

179 Reimer, *Hereinspaziert*, 16-17.

180 Enoch Wan: ‚The Phenomenon of Diaspora: Missiological implications for Christian Missions‘ in *Scattered: The Filipino Global Presence* (Manila, LifeChange Publishing Inc., 2004); LOP 55.

181 Jacob Jervell kommentiert: „Die Diaspora-Mission der Kirche fängt in der Gemeinde von Antiochien an" (Jacob Jervell: *Die Apostelgeschichte*. Kritisch-exegetischer Kommentar über das Neue Testament. 3. Band. Göttingen: Vandenhoeck & Ruprecht,1998, 342).

schen Welt.[182] Diaspora-Gemeinschaften stellten den wichtigsten Ansatzpunkt für die frühchristliche Mission dar.[183] Natürlich müssen die Methoden der Apostel nicht unsere Wege zu den Menschen bestimmen. Aber warum sollte ihre Methodik, die so effektiv war, nicht auch heute funktionieren?

Diese und andere möglichen Faktoren lassen die Schlussfolgerung zu, dass diasporale Gemeinschaften in der Tat wesentlich zur Ausbreitung des Evangeliums in unserem Zeitalter der Migration beitragen können und deshalb eine offene Tür für Mission darstellen, über die nachgedacht werden muss. Freilich sollte man dabei nicht naiv nur die positiven Wesenszüge von Diasporas betonen. Diasporas sind semi-exklusive Strukturen, die zur Bildung von Parallelwelten neigen. In solchen Welten werden Einflüsse von außen schnell politisch aufgefasst.[184] Diese können sich rasch als Sackgassen für die Mission erweisen.

5.8.3. Die ethnokonfessionelle Falle

Wie wir oben gesehen haben, können sich diasporale Gemeinschaften in exklusive Parallelwelten verwandeln und somit sektenhafte, nonkonformistische, sich gegen jede Integration in die Gastkultur des Landes wehrende Cluster bilden. Dass diese Entwicklung nicht von der Hand zu weisen ist, zeigt unter anderem die türkische Diaspora in Deutschland. Wenn sich die christliche Mission der diasporalen Wege und Strukturen bedienen will, dann wird sie sich einer möglichen ethnokonfessionellen Falle stellen müssen. Was damit gemeint sein kann, ist schnell am Beispiel der russlanddeutschen Aussiedler in Deutschland illustriert. In den letzten Jahrzehnten wanderten mehrere Millionen Deutsche aus der UdSSR nach Deutschland ein. Sehr bald

---

182 Craig Ott: Diaspora and Relocation as Divine Impetus for Witness in the Early Church. In: WAN, Enoch. Ed. 2011. *Diaspora Missiology: Theory, Methodology and Practice.* (Portland, OR: Institute of Diaspora Studies, 2011), 100.
183 Ebd., 101.
184 Werner, Migration und Flucht, 97.

begannen sie, eigene Gemeinden zu bauen. Heute zählen allein die freikirchlichen Aussiedler mehr als 300 000 aktive Mitglieder in ihren Gemeinden. Missionarisch haben diese sich vor allem auf die eigene Diaspora konzentriert. Und obwohl sie immer noch Menschen mit ihrer Herkunft erreichen, sind sie im großen Ganzen völlig harmlos geblieben, wenn es um die Evangelisation anderer Bevölkerungsgruppen in Deutschland geht.[185] Und mit der stetigen Assimilierung ihrer Mitglieder in die Mehrheitskultur der neuen Heimat verlieren sie auch zunehmend ihren Zugang zu den eigenen Landsleuten.

Diasporale Gemeinschaften wie oben beschrieben eröffnen neue kreative Wege für die christliche Mission. Wenn diese jedoch Erfolg haben soll, dann sollte sie auf jeden Fall die ethnokonfessionelle Falle kennen und berücksichtigen. Und der Weg hinaus aus dem Dilemma könnte das Konzept des multikulturellen gesellschaftstransformativen Gemeindebaus sein.

5.8.4. Missionale Gemeinde im Kontext der Diaspora

In seinem vor dreißig Jahren geschriebenen Buch mit dem bezeichnenden Titel „Missions have come home to America …"[186] behauptete Jerry L. Appleby, dass, wenn die Kirche in den USA die Einwanderungswelle auch nur annähernd ernst nähme, sie multikulturell werden müsse.[187] Das Konzept einer multikulturellen Gemeinde haben wir bereits im vorigen Abschnitt diskutiert. Hier soll die Vorstellung näher präzisiert und dargestellt werden.

Multikulturelle Kirchen (MK) entwickeln sich in Kontexten, in de-

---

185 Siehe John N. Klassen: *Russlanddeutsche Freikirchen in der Bundesrepublik Deutschland: Grundlinien ihrer Geschichte, ihrer Entwicklung und Theologie.* (Bonn: Verlag für Kultur und Wissenschaft, 2007.)

186 Jerry L. Appleby: *Missions Have Come Home to America: The Church´s Crosscultural Ministry to Ethnics.* Kansas City: Beacon Hill, 1986.

187 Sein eigenes Konzept einer MK veröffentlichte Appleby in *The church is in a stew.* (Kansas City MO: Beacon Hill Press, 1990.)

nen mehrere kulturelle Gruppen in Nachbarschaft zueinander leben. Der Begriff beschreibt also eine Gemeinde, zu der Menschen mit unterschiedlichen kulturellen Hintergründen gehören. In der Literatur werden hierfür unterschiedliche Begriffe genutzt: multiethnisch, multikulturell oder auch interkulturell.[188] Klaus Schönberg[189] verwies darauf, dass Multikulturalität eher für eine parallele Existenz von Kulturen steht, während Interkulturalität deutlicher die Kooperation zwischen den Kulturen unterstreicht. Er schlug daher vor, konsequent von interkulturellen Gemeinden zu reden. So hilfreich seine Unterscheidung ist, in der Literatur hat sich der Begriff multikulturell durchgesetzt. Auch ich benutze ihn hier, allerdings nicht ohne ihn deutlich zu qualifizieren. Dabei geht es mir nicht um multi-kongregationale, ethnische Gemeinden, die die das gleiche Gebäude oder auch die gleiche Infrastruktur nutzen.[190] Multikongregationale Gemeinden überleben selten lange. Die Konflikte zwischen den zwei unabhängigen Gemeinden wachsen den Beteiligten schnell über den Kopf, und sie suchen dann nach mehr struktureller Unabhängigkeit.[191] Abzugrenzen ist zum anderen auch eine fremdenfreundliche Kirche, die den Fremden zwar sozial und materiell umsorgt, die Gottesdienste und sonstigen spirituellen Angebote aber konsequent auf Deutsch, evtl. mit einer Übersetzung, anbietet.[192]

Dagegen zeichnet sich eine MK durch folgende Überzeugungen aus:

a. Eine MK erreicht Menschen mit dem Evangelium in ihrer eigenen Sprache und Kultur. Sowohl Evangelisation als auch Jüngerschaft werden hier monokulturell betrieben. Die Menschen werden da

---

188 Thorsten Prill: Mission as the Exit Ramps at the Refugee Highway in an age of Globalization: Integration Refugees and Asylum Seekers into the Christian Community in the United Kingdom. Unveröffentlichte DTh Dissertation. (Pretoria: UNISA, 2008), 15.

189 Klaus Schönberg: Die interkulturelle Gemeinde. Gemeindebau und Evangelisation in der zunehmend multikulturellen Bevölkerung deutscher Ballungsräume. Unpublished MTh Dissertation. (Pretoria: Unisa, 2012), 17.

190 Reimer, *Multikultureller Gemeindebau*, 58ff.

191 Siehe die Diskussion in: Ebd., 60-62.

192 Ebd., 58ff.

abgeholt, wo sie sich befinden. Nicht die Menschen, sondern die Kirche versucht, den kulturellen Graben zu überbrücken. Das führt dazu, dass in einer MK parallele Strukturen, Hauskreise und Gottesdienste für Evangelisation und geistliche Grundzurüstung entstehen.

b. Eine MK bemüht sich darum, eine gemeinsame Basis für die Gemeinde zu schaffen. Regelmäßige gemeinsame Gottesdienste und Veranstaltungen, in denen bewusst die Vielfalt der Kulturen gelebt wird, ein gemeinsames Liedgut, das Anleihen bei allen beteiligten Kulturen macht, sowie eine offene und wertschätzende Gesprächs- und Streitkultur in der Gemeinde tragen zur Entstehung einer Art „Reich-Gottes-Kultur" vor Ort bei, einer Kultur, die die Kulturgrenzen durchbricht und Einheit in Vielfalt lebt. Wichtig ist auch, dass man die Kinder- und Jugendarbeit in der Gemeinde von Anfang an in der Mehrheitskultur durchführt und alle missionarischen Aktionen, ob vor Ort oder auch in der weiten Welt, zusammen gestaltet.

c. Das Gelingen einer MK hängt unmittelbar von ihrer Beteiligung an der Transformation des Lebensraumes ab, in dem die Mitglieder leben. Eine gemeinsame Gemeinwesenarbeit (GWA) ist zentral. So wird nicht nur der religiöse, sondern auch der gesamte Lebenszusammenhang in den Gemeindeaufbau eingebunden.[193]

Multikulturelle Kirchen ermöglichen eine sinnvolle und letztlich erfolgreiche missionarische Arbeit in den diasporalen Gemeinschaften. Folgende Überlegungen belegen die Annahme.

Erstens, Diasporas entwickeln sich in sozialen Räumen, in Gemeinwesen. Sie definieren sich aus einem Teil der Gesellschaft und zugleich gegen andere Schichten der Gesellschaft. Das Gemeinwesen ist somit immer größer als die Diaspora. Der soziale Raum, in dem sich eine Diaspora befindet, bestimmt den Lebensalltag aller Menschen im Raum, auch derjenigen, die sich zur Diaspora halten. So gesehen braucht die

193 Reimer, *Multikultureller Gemeindebau*, 68-76.

Diaspora das Gemeinwesen, um existieren zu können. Sie bewegt sich im Gemeinwesen, nutzt die gemeinsame Sprache für ihre Alltagskommunikation in der Öffentlichkeit und die Strukturen und Formen des Gemeinwesens für ihr eigenes Weiterkommen. Eine diasporale Institution ist somit im Prinzip im Gespräch mit den Menschen im Gemeinwesen, ob sie nun zur Diaspora gehören oder nicht.

Eine in der Diaspora angesiedelte, missionarisch aktive Kirche verfügt daher über exzellente Wege der Mission in das Gemeinwesen hinein. Sie muss weder Sprache noch Kultur der Menschen im Gemeinwesen neu erlernen, weil sie diese bereits im Alltag lebt. Ihre Mitglieder gehen eben in dieser Gesellschaft ihrem Beruf nach. Hier erwerben sie ihren Lebensunterhalt, und hier unterhalten sie ihre sozialen Kontakte. Ihre Nachbarn sind ein natürlicher Adressat des Evangeliums. Und wenn man ihnen das Evangelium vorlebt und sie schließlich für das Evangelium gewinnt, werden sie zur offenen Tür in ihren Kulturkreis.

In meiner eigenen Erfahrung sah das so aus, dass wir unter russischsprachigen Einwanderern eine Gemeindearbeit begannen. Schon bald weiteten sich die evangelistischen Bemühungen auf einheimische, deutsche Nachbarn aus. Und dann kamen Afrikaner dazu. In wenigen Jahren bot die Gemeinde, neben ihren Gottesdiensten auf Russisch, auch Veranstaltungen auf Deutsch und Englisch an. Die missionarische Arbeit in der russischen Diaspora erreichte langsam die unterschiedlichen Gruppen im gleichen sozialen Raum. Eine multikulturelle Gemeinde entstand und mit ihr enorme Möglichkeiten für Evangelisation und Mission.[194] Die FeG Nürnberg entstand unter den Deutschen und weitete dann ihre Aktivitäten auf Araber, Iraner und Kurden aus.[195] Die Süddeutsche Gemeinschaft in Ludwigsburg erreicht

---

194 Martin Schulten: Gesellschaftstransformativer Gemeindebau am Beispiel der Evangelischen Freien Gemeinde Brüchermühle und deren Sozialprojekt für Hartkernarbeitslose in der Christlichen Beschäftigungsgesellschaft Brüchermühle (CBB). Unveröffentlichte MTh-Dissertation. (Pretoria, SA: UNISA, 2011.) Digital zugänglich in: http://uir.unisa.ac.za/bitstream/handle/10500/8630/dissertation_schulten_m.pdf (letzter Zugriff: 1.07.2016).
195 http://feg-nuernberg.de (1.07.2016).

Syrer.[196] Und die Evangelische Freikirche Köln-Ostheim erreicht Deutsche, Russen und Perser.[197] Weitere Beispiele können aus Kirche und Freikirche genannt werden. Immer größer wird die Anzahl solcher Kirchen, die sich bewusst multikulturell aufstellen. Sie mögen sich in ihrer Art und Form wesentlich voneinander unterscheiden, aber der Ansatz ist immer der gleiche – sie beginnen ihre missionarische Durchdringung mit einer der im Gemeinwesen aktiven diasporalen Gemeinschaften und dehnen dann graduell ihren Einfluss auf die anderen Gruppen im sozialen Raum aus.

Zweitens, multikulturelle Kirchengemeinden sind gut aufgestellt, wenn es um die missionarische Durchdringung multikultureller sozialer Räume geht. Aber mehr als das – sie sind ein ausgezeichneter Ansatzpunkt für Weltmission. Diasporas sind im Prinzip international aufgestellt. Nutzt man ihre Kommunikationskanäle, so erweist es sich nicht als schwer, missionarische Projekte in anderen Ländern zu beginnen. So erreicht man mit den russischsprachigen Mitgliedern einer MK in Deutschland leicht die russische Diaspora in Portugal. Man wird hierfür weder Sprache noch Kultur neu erlernen müssen. Und entsteht dann eine diasporale Gemeinde unter den Russen in Portugal, wird diese zum Sprungbrett in die portugiesische Mehrheitsgesellschaft, sind doch weder die Kultur noch die Sprache für die Russen, die in Portugal leben, etwas Neues. Genauso wenig wie Englisch für die Perser in England, oder Nepali für Chinesen in Nepal oder Deutsch für die Koreaner in Deutschland. Der gleiche Mechanismus kann auf jede diasporale Gemeinschaft übertragen werden. Wer den Spuren einer diasporalen Gemeinschaft folgt, findet bald erstaunlich offene Türen für Mission.

---

196 http://www.sv-ludwigsburg.de (1.07.2016).
197 https://www.ef-koeln.de (1.07.2016).

„Wie, mehr als nur einen Gottesdienst?"
Maria erlebt Vielfalt

„Ich will am Sonntag unbedingt in die All-Souls-Kirche, in der der weltberühmte Prediger und Autor John Stott Pastor war", sagte uns Maria, als wir unsere Reise nach London vorbereiteten.

„Gut, Maria", antwortete ihr Helmut, unser Reiseführer, „wir gehen in die All-Souls. Du solltest dich nur entscheiden, in welchen der vielen Gottesdienste du gehen möchtest. Die Gemeinde bietet Dutzende davon parallel zu ihrem Hauptgottesdienst an – in den umliegenden Hallen, Pubs und Schulen. Und diese Gottesdienste sind alle irgendwie anders vom Stil und Ausdruck her. Wir werden weit mehr als einen Sonntag brauchen, um jeden zu besuchen."

„Wie, mehr als ein Gottesdienst?" Maria verstand nicht. „Bei uns gibt es am Sonntag nur einen Gottesdienst, der um 10 Uhr beginnt, eine Stunde dauert und für alle offen ist."

„Ihre Gottesdienste sind es auch. Aber es macht in der Londoner City wenig Sinn, Menschen, die nur ansatzweise Englisch sprechen, zu dem einen englischen Gottesdienst einzuladen. Genauso wenig macht es Sinn, Jugendliche, die nichts von der klassischen anglikanischen Liturgie verstehen, zum Hochgottesdienst der Kirche zu laden. Und diese Liste lässt sich beliebig verlängern."

„Und deshalb ..."

„Ja, deshalb hat die All-Souls ihr Angebot erweitert und Gottesdienste für Fremde, Kirchenfremde, Jugendliche und über dreißig weitere Gruppen angeboten. Also, wo gehen wir hin? Übrigens, alle diese Gottesdienste erfreuen sich regen Besuchs. Heute kommen mehr Menschen zu All-Souls als je zuvor in ihrer langen Geschichte."

Wir entschieden uns für einen Pub-Gottesdienst und waren von seiner evangelistischen Ausrichtung und seiner absolut nichtsakralen Form überrascht. Maria ist immer noch am Verdauen, was sie da gesehen hat. London ist offensichtlich eine Reise wert.

Fragen zur Weiterarbeit:

1. Was macht die Gemeindearbeit in der Stadt zur Herausforderung?
2. Warum versagen klassische Gemeindebaumodelle?
3. Welche Alternativen sind es wert, diskutiert zu werden?
4. Was ist gesellschaftstransformierender Gemeindebau, und warum ist der Ansatz geeignet, urbane Gemeinden zu bauen?
5. Was sind Diasporas, und wie können sie in Konzepte missionarischer Gemeindearbeit integriert werden?

Kapitel 6

Evangelisation in der Stadt

6.1. Ohne Evangelisation geht es nicht

Gemeindeaufbau geschieht mit Menschen, die sich zu Jesus und seinem Evangelium bekennen. In der Apostelgeschichte, dem bedeutendsten Zeugnis vom Gemeindebau in der Urgemeinde, wird das Wachstum der jungen Gemeinde Jesu permanent mit dem Ausdruck „das Wort wuchs" verbunden. Das zeigen uns Sätze wie in Apg. 13,49: „Und das Wort des Herrn breitete sich aus in der ganzen Gegend." Man könnte auch übersetzen: „Die Gute Nachricht von Jesus Christus wurde immer bekannter in der ganzen Gegend." Und warum? Weil Christen das Evangelium mit ihrem Leben bezeugten, entsprechend handelten und überall darüber sprachen. Wolfgang Reinhardt stellt daher in seiner Studie der Gemeindewachstumskonzepte in der Apostelgeschichte konsequent fest, dass die Verkündigung des Evangeliums der Hauptgrund für das Gemeindewachstum in der Urgemeinde ist.[198] Evangelisation ist unbedingte Voraussetzung für den Gemeindebau.

Gott bezeugen und über Gott reden – genau das aber scheint die Menschen in der Stadt am wenigsten zu interessieren. Die Stadt, wie wir oben gesehen haben, ist ein Ort der Selbstverwirklichung. Dass man Gott braucht, kommt nur wenigen in den Sinn. Städte sind Brutstellen von Säkularismus und Atheismus. Harald Sommerfeld schreibt: „Evangelistisches Bemühen stößt in der Stadt ... auf Unbehagen. In der postmodernen, pluralistischen Stadt wird ihm ein Absolutheitsanspruch unterstellt, der auf instinktive Ablehnung stößt.

---

198 Wolfgang Reinhardt: *Das Wachstum des Gottesvolkes. Biblische Theologie des Gemeindewachstums. Untersuchungen zum Gemeindewachstum im luka-nischen Doppelwerk.* (Göttingen: Vandenhoeck & Ruprecht, 1995), 309-311.

Auch wenn die Leute unseren Glauben respektieren, wollen sie selbst auf gar keinen Fall bekehrt werden."[199] Wenn urbane Gemeinden entstehen und wachsen wollen, dann müssen sie die städtische Bevölkerung zunächst und vor allem mit dem Evangelium erreichen. Ohne Evangelisation, schreibt Fritz Schwarz, gibt es die Gemeinde nicht.[200] Doch wie soll das gehen? Seit Jahren beklagen sich nahezu alle Kirchen über schwindendes Interesse in der städtischen Bevölkerung an dem, was sie anbieten. Wie soll man das Evangelium verkündigen, wenn niemand zuhört? Wie soll man Menschen zum Glauben einladen, wenn sie am kirchlichen Glauben kein Interesse zeigen? Nicht nur gelingt es den Kirchen kaum, Menschen zum Glauben zu rufen, sie verlieren Jahr für Jahr Tausende ihrer Anhänger. Seit Jahren verlassen zwischen 200.000 und 400.000 Mitglieder die Kirchen im Land.[201] Gehörten 1950 noch 95,8 % der Bevölkerung der BRD der römisch-katholischen oder einer Kirche der EKD an, so waren es 2015 nur noch 56 %.[202] Die Dramatik dieser Entwicklung fasst der römisch-katholische Bischof Stefan Oster mit seinem provozierenden Buchtitel *Gott ohne Volk* bestens zusammen.[203] Und Andreas Püttmann warnt vor den Folgen einer gottlosen Gesellschaft in Deutschland.[204]

Aber warum verlassen die Menschen die Kirche? Was verursacht die Massenflucht gerade der städtischen Bevölkerung aus der Kirche? Ist es tatsächlich der Glaube oder vielleicht doch die Art und Weise, wie der Glaube gelebt und bezeugt wird? Kann es sein, dass die Städter weniger das Evangelium und damit den Glauben an Gott, sondern die kirchliche Vermittlung des Glaubens ablehnen? Untersuchungen zum Thema in mehreren westlichen Ländern lassen vermuten, dass die

---

199 Sommerfeld, *Mit Gott in der Stadt*, 540.
200 Schwarz, *Theologie des Gemeindeaufbaus*, 98.
201 Siehe Statistik für die Jahre 2001-2016 in: http://www.kirchenaustritt.de/statistik (letzter Zugriff: 10.10.2017).
202 FOWID, Forschungsgruppe Weltanschauungen in Deutschland 2014. *Entwicklung der Religionszugehörigkeiten nach Bundesländern, 1950-2011.* [online] https://fowid.de/meldung/entwicklung-religionszugehoerigkeiten-nach-bundeslaendern-1950-2011 (letzter Zugriff: 10.09.2017).
203 Bischof Stefan Oster und Peter Seewald: *Gott ohne Volk?: Die Kirche und die Krise des Glaubens.* (München: Droemer, 2016.)
204 Andreas Püttmann, *Gesellschaft ohne Gott. Risiken und Nebenentwicklungen der Entchristlichung Deutschlands.* (Asslar: Gerth Medien, 2010.)

Annahme nicht ganz von der Hand zu weisen ist.[205] Noch nie zuvor waren Menschen so spirituell offen, auch wenn sie mit den traditionellen religiösen Vorstellungen nicht viel anfangen können. Daniel Herbstreit drückt es in seinem Zeit-Online-Artikel sehr treffend aus: „Glauben ja, aber nicht an Gott."[206] Und dabei ist mit „Gott" das von den Glaubensgemeinschaften vermittelte Bild von Gott gemeint.

Gefragt, warum mein Gesprächspartner, den ich Holger nenne, die Kirche nicht mehr besuche, antwortet dieser wie Tausende anderer: „Die reden da doch alle nur von Dingen, die sie selbst nicht kennen. Wer von diesen Kirchentreuen hat auch nur einen Schimmer von dem, was sie da zu glauben vorgeben. Gott – niemand von ihnen hat ihn je gesehen. Engel – kennen sie nur als Weihnachtsschmuck, und so weiter und so fort. Wie kann man einer Institution angehören, die nichts von dem, was sie sagt, erlebt? Ich jedenfalls habe keinen Bock mehr darauf."

So wie Holger geht es vielen. Nicht Gott ist ihr Problem, sondern das, was sie von Gott gezeigt und bezeugt bekommen. Der kritische Zeitgenosse glaubt nicht irgendwelchen leeren Worten. Worte, die glaubwürdig sein wollen, müssen mit Leben gefüllt werden. Und Evangelisation, soweit sie diese Menschen mit dem Evangelium erreichen will, wird mehr als nur verbale Mitteilung sein müssen.

Freilich ist das auch nicht das, was das Neue Testament unter Evangelisation versteht. Jesus sandte seine Jünger nicht in alle Welt, damit sie Reden schwingen, sondern damit sie Zeugen sind (Apg. 1,8). Der griechische Begriff martys = Zeuge entstammt dem *terminus technicus* für Martyrium. Jünger Jesu würden unter der Kraft des Heiligen Geistes total hingegebene Menschen sein! Und wo immer sie nun auftraten, da passierte das, was sie bereits bei ihrem Meister erlebt hatten – Worte führten zu Taten, und Taten wiesen auf Gottes

---

205 Siehe z.B.: Christina Heller: Was bewegt die Jugend? Glaube ja – Kirche nein. In: http://www.augsburger-allgemeine.de/schwabmuenchen/Was-bewegt-die-Jugend-Glaube-ja-Kirche-nein-id32498652.htmlhttp://www.augsburger-allgemeine.de/schwabmuenchen/Was-bewegt-die-Jugend-Glaube-ja-Kirche-nein-id32498652.html (letzter Zugriff: 10.10.2017).

206 Daniel Herbstreit: Glaube ja, aber nicht an Gott. In *Zeit Online* vom 17.10.2014, http://www.zeit.de/community/2014-10/religion-ohne-gott-moderne-atheismus (letzter Zugriff: 16.10.2017).

Wort hin. Jesus lehrte nicht wie die Schriftgelehrten und Pharisäer
(Mt. 7,28-29). Bei ihm gab es keine Diskrepanz zwischen dem, was er
sagte, und dem, was er lebte. Er sprach, und es geschah, und das zog
Menschen an. Jesus überzeugte, weil seine Worte Vollmacht hatten.
Er heilte Kranke, wirkte Wunder, und die Menschen kamen zu ihm
in der Erwartung, das eben Erlebte erklärt zu bekommen. Das Ge-
heimnis seines Erfolges ist in jeder Hinsicht die Ganzheitlichkeit und
Vollmacht seiner Evangelisation.

Und seine ersten Nachfolger folgten ihm darin. Petrus, ein einfacher galiläischer Fischer vom Lande, führte durch eine einzige Predigt
in Jerusalem 5000 Menschen zum Glauben. Und wie? Weil er, über-
wältigt von der Kraft des Heiligen Geistes, einem Lahmen die Hand
reichte und ihn auf seine Beine stellte (Apg. 3,1-11). Und dann liefen
die Besucher des Tempels alle bei diesem Geheilten zusammen, und
Petrus erklärte, was passiert war und wer den Mann in Wirklichkeit
geheilt habe – Jesus! Das Ergebnis hätte nicht größer sein können.
Solche Beispiele füllen die Seiten der Apostelgeschichte. Tausende
hungriger Menschen versorgte die junge Gemeinde in Jerusalem mit
täglichem Brot. Und wiederum sahen sich Menschen hingezogen zu
diesen einfachen, hilfsbereiten und spirituell starken Menschen. So
kam Glaube zustande, und täglich schlossen sich Menschen der jungen Bewegung an. Und das in der Stadt!

Was ist der Unterschied zwischen der Evangelisation damals und
heute? Offensichtlich der Erfolg, aber auch die Methode. Bei uns er-
schöpft sich Evangelisation nicht selten im Reden über Gott, damals
ging es um wesentlich mehr. Das Evangelium wurde gelebt, es wirkte
Wunder, bezog sich auf alle Lebensbereiche und überzeugte durch seine unwiderstehliche Vollmacht.[207] Urbane Evangelisation war ganzheitliche, alle Lebensbereiche umfassende Verkündigung des Evangeliums in Wort und Tat in der Kraft des Heiligen Geistes. Die Rückkehr
zu einer solchen ganzheitlichen Evangelisationspraxis wird auch heute
wieder Menschen in Gottes Nähe bringen. Was wir also brauchen, ist
eine integrative Evangelisationspraxis.

---

207 Siehe mehr in Reimer, *Leben, Rufen, Verändern*, 89-109.

6.2. Integrative Evangelisation

Jesus, der Evangelist, war allem voran das Wort. Der Evangelist Johannes schreibt: „Am Anfang war das Wort, und das Wort war bei Gott, und das Wort war Gott ... und das Wort wurde Fleisch und lebte unter uns, und wir sahen seine Herrlichkeit" (Joh. 1,1.14). Das Evangelium wird bei Jesus zum Lebensalltag, schließt somit das gesamte Leben ein. In der evangelistischen Praxis Jesu und später seiner Jünger kam es auf das gelebte, sozial erfahrbare und gehörte Wort an. Evangelisation bestand aus Lebensvorbild, dienendem Einsatz für den Nächsten, verständlicher Verkündigung und schließlich dem Ruf zur Entscheidung. So erreichte das Evangelium die Menschen. Und die Geschichte der Kirche ging so weiter. Der Kirchenvater Origines schreibt zum Beispiel von Schustern, Wollarbeitern etc., die das Evangelium innerhalb der eigenen Familie oder vor Kollegen verkündigen.[208] Für sie war Evangelisation die natürlichste Sache der Welt. Sie lebten, was sie waren, und sprachen über das, was sie lebten.

Eine zeitgemäße Handlungstheorie der Evangelisation wird ähnliche Bausteine aufweisen müssen, wenn sie den modernen Städter erreichen will. Was gebraucht wird, ist eine evangelistische, „ansteckende Gemeindekultur"[209]. Sie wird sich *erstens* als **Lebenszeugnis** bewähren müssen. Auch heute werden Menschen das Evangelium erst in der Gestalt eines veränderten Lebens sehen wollen, bevor sie Bereitschaft zeigen, auf erklärende Worte zu hören. Und wenn Christen gesehen werden wollen, dann sollten sie ihren Alltag für die Menschen in ihrer unmittelbaren Umgebung öffnen. Das Sonntagsgesicht allein überzeugt niemanden. Wenn aber das ganze Leben zugänglich werden soll, dann werden Gemeindeglieder ihren Alltag auf soziale Räume, in die Gott die Gemeinde gestellt hat, konzentrieren müssen. Deshalb ist der erste Schritt im Zyklus der gesellschaftstransformativen Gemeindearbeit so

---

208 Origines, Cels. III, 5, nach der Übersetzung von Koetschau in der BKV-Ausgabe, Bd. 52, 367 f.) in: Reinhardt, *Das Wachstum des Gottesvolkes*, 317.
209 Mark Mittelberg: *So wird ihre Gemeinde ansteckend. Evangelisation und Mission neu entdecken.* (Asslar: Projektion J, 2001), 145.

bedeutsam. Die Gemeinde ist da Gemeinde, wo ihre Gemeindeglieder leben. Ideal für ein effektives Lebenszeugnis ist ein offenes Verhältnis zur Nachbarschaft. Hier können Strukturen einer Gemeinschaft entstehen, die einander tragen, und zwar über alle Glaubensüberzeugungen hinweg.

Familienzentrierte Gemeinden (FZG) machen das mit dem Aufbau von Familienclustern in der Nachbarschaft. Um eine christliche Familie entsteht hier eine Art Familien-Nachbarschafts-Treff. So werden denkbar günstige Voraussetzungen geschaffen, sein eigenes Leben mit den Menschen zu teilen. Gerade die Ausweitung dieses Zeugnisses auf die Familie bietet ungeahnte Möglichkeiten, Zeugnis zu sein.[210] Kinder haben in der Regel keine Kommunikationsschranken, die es mühsam zu überwinden gilt. Schnell finden sie zueinander, und spielerisch entstehen Freundschaften, die sich dann auch auf die Eltern übertragen können. Sie kommen ganz natürlich in die Häuser der Nachbarn, und ihre gute christliche Erziehung wird zum Thema der Gespräche in der Nachbarschaft. „Sie haben eine überaus begabte Tochter", sagte eines Tages ein geplagter Nachbar zu mir. Alle in der Nachbarschaft kannten sein Problem mit der Tochter. „Wie gelingt es Ihnen, Ihre Tochter so im Griff zu behalten?", fragte er nach einer Weile. „Sie ist energiegeladen, begabt und trotzdem folgsam und höflich." Es dauerte nicht lange, und wir waren mitten im Gespräch, aus dem sich bald so etwas wie eine Nachbarschaftsfreundschaft entwickelte. Und das alles nur dank meiner Tochter. Einfacher geht es kaum. Missionarische christliche Familien im Stadtteil – das ist so, als würde Gott selbst in die Nachbarschaft ziehen.[211]

Nachbarschaftsgemeinschaften sind, *zweitens*, bestens geeignet, gemeinsam für das gute Leben vor Ort einzustehen. GWA-Projekte entstehen und bieten den Christen die Chance, mit anderen zusam-

---

210 Siehe Beispiele in Reimer: *Familie – Zukunft der Kirche*, 228-260.
211 Siehe mehr zu diesem faszinierenden Thema in: Simon Carey Holt: God Next Door: *Spirituality and Mission in the Neighbourhood*. (Melbourne: Acorn Press, 2008.).

men den Menschen zu **dienen.** Und nichts schweißt Menschen so sehr zusammen, wie wenn sie gemeinsam selbstlos für andere einstehen. Schnell ist man da per du. Und schnell geht man auch mal einen Schritt weiter, als es notwendig wäre. Es ist in der Regel auch für erklärte Atheisten kein Problem, in einem Projekt anzupacken, das von der Kirche eines guten Nachbarn durchgeführt wird. Erst recht nicht, wenn man selbst, vor allem die eigene Familie, betroffen ist. Gerade im engen sozialen Raum der Stadt mit seinen transparenten Räumen werden selten Bedenken bezüglich kirchlicher Projekte laut, wenn sie dem Allgemeinwohl der Menschen dienen. Je näher diese Projekte am Gemeinwesen sind, desto größer ist die Bereitschaft zur Mitarbeit und die freudige Entdeckung, dass Christen sich für so etwas einsetzen.

Holger ist ein typisches Beispiel hierfür. Er zögerte nicht lange, als sein christlicher Nachbar Jens ihn einlud, am Samstag bei der Renovierung der kirchlichen Kita mitzumachen. Auch seine Tochter besuchte die Kita. Er kannte die Erzieher. Und auch wenn er selbst nie zur Kirche ging, fand er es zunehmend gut, was sein Kind in der Kita lernte. Klar machte er mit. Die gemeinsame Arbeit schweißte zusammen. Und bald störte es Holger überhaupt nicht mehr, dass Jens vor dem Essen betete und am Sonntag in den Gottesdienst ging. Und als seine Tochter mitgehen wollte, ließ er sie mitgehen. Mehrere weitere gemeinsame Aktionen folgten. Sie alle bewirkten eines – Holgers Vertrauen zu Jens wuchs und übertrug sich langsam auch auf den Bereich der religiösen Überzeugungen. Immer wieder erlebte er bei seinen Nachbarn und ihren Freunden Erfahrungen, die sich jeder rationalen Erklärung entzogen. Fast unbemerkt wurde er fragend, und dann kam der Tag, der ihn tief zum Grübeln brachte. Seine Frau Tamara wurde schwer krank. Die Ärzte gaben sie nach einem wochenlangen Aufenthalt im Klinikum auf. Er war dem Verzweifeln nahe. Jens und seine Familie, und bald auch seine eigene Tochter, sagten ihm immer wieder, dass sie für Tamara beteten. Aber es ging ihr immer schlechter. Schließlich geriet er eines Tages mit seinem Nachbarn aneinander. „Und was habe ich von deinem Gebet, Jens? Tamara wird sterben, und dein Glaube kann nichts daran ändern." Und Jens antwortete leise: „Bitte du ihn doch einmal um Heilung. Vielleicht wartet er auf deine Bitte. Es ist

doch recht einfach. Du hast uns doch so oft beten gehört. Mach es
uns nach."

Dieses Gespräch leitete eine **intellektuelle Krise** im Leben von Holger
ein. Freilich hatte er nicht nur einmal gehört, wie seine Nachbarn und
deren Freunde aus der Kirche von Wundern Gottes berichteten. Aber
er tat sie alle als Zufälle ab. Hier im Fall seiner Tamara wäre nun
jeder Zufall ausgeschlossen, sollte Gott auf sein Gebet antworten. Er
kannte die Diagnose, und er sah täglich das Elend seiner geliebten
Frau. Und doch fiel es ihm auf einmal unvorstellbar schwer, alle seine
Überzeugungen über Bord zu werfen und zu einem Gott zu beten,
dessen Existenz er bis dahin abgelehnt hatte. Die Erfahrungen mit Jens
sprachen für seine Existenz, seine naturwissenschaftliche Bildung dagegen. Innerlich zerrissen suchte Holger die Auseinandersetzung mit
Menschen auf beiden Seiten des Zauns. Schließlich zwang der Zustand seiner Frau ihn zum Handeln. Völlig verzweifelt warf er sich
eines Tages auf seine Knie (er hatte von Jens gehört, dass dieser es
so machte) und bat Gott in einfachen Worten, seiner Frau zu helfen.
Etwas Merkwürdiges passierte. Er hatte den Eindruck, als würde ihn
eine unsichtbare Hand berühren und Frieden und Geborgenheit in
sein geschundenes Herz bringen. Er stand von den Knien auf, ging in
das Krankenzimmer seiner Frau, und diese sah ihn mit hellstrahlenden
Augen an und bat um einen Schluck Wasser. Ab diesem Moment ging
alles enorm schnell. Eine Woche später verließ Tamara ihr Kranken-
bett, und der behandelnde Arzt sprach von einer völlig unerwarteten
und in seiner gesamten Arztkarriere nie dagewesenen Entwicklung.
Als Jens Holger am Ende der Woche aufsuchte und die Veränderungen
im Zustand Tamaras feststellte, sagte er nur kurz und voller Dankbar-
keit: „Du hast gebetet, Holger, oder?" Holger nickte. Und noch ein
paar Tage später suchte er Jens auf, um mit ihm über Gott zu reden.

Es sind die existenziellen Erfahrungen, die Menschen mit Gott machen, die sie *drittens* zum Fragen bringen. Sie suchen Gott nicht, weil
sie ihn intellektuell begriffen haben, sondern wenn sie sein Eingreifen
in ihr Leben erfahren. Erst danach öffnen sie sich für ein **evangelistisches Gespräch**. Nicht immer können engagierte Nachbarn ein solches

Gespräch selbst führen, aber wenn sie im Vorfeld den Betroffenen mit Menschen in der Gemeinde bekannt gemacht haben, die evangelistisch begabt sind, dann geht es letztlich nur darum, das Gespräch zustande zu bringen. Und das Gespräch wird den Suchenden näher zur Gemeinde bringen.

Evangelistische Verkündigung mündet *viertens* in den Ruf zur **Hinwendung des Menschen an Gott.** Ohne einen deutlichen Ruf Gottes findet der Mensch nicht zur persönlichen Beziehung zu Gott. Evangelisten können diesen Ruf aussprechen, aber gehört wird er nur, wenn es der Geist Gottes tut. Man sollte deshalb die suchenden Menschen niemals zur Bekehrung drängen.

Lebenszeugnis, soziales Engagement sowie Gespräch über konkrete Lebensfragen bewirken in Menschen Vertrauen. Sie fangen an, ihrem christlichen Gegenüber zu glauben, und öffnen sich dafür, das Evangelium zu hören. Ein solcher integrativer Zugang beschreibt einen Prozess, dessen Schritte unterschiedliche methodische Umsetzungen verlangen und präsentische und proklamative Elemente einschließen sowie mehrere unterschiedlich begabte Mitarbeiter der Gemeinde involvieren. Ich rede an dieser Stelle vom Zyklus evangelischer Verkündigung (ZeV), dessen Implementierung die Gemeindeevangelisation auf eine neue Ebene stellt.[212] So können auch heute noch Menschen in der Stadt zum persönlichen Glauben an Jesus Christus geführt werden.

6.3. Nachbarschafts- und Familien-Evangelisation

Integrative Evangelisation als Prozess setzt Rahmenbedingungen voraus, die eine Gemeinde vor Ort schaffen muss, falls sie die Integrative Evangelisation in ihr Gemeindeprogramm implementieren will. Und diese sind:

(a) Ein Jüngerschaftsprogramm mit starken Akzenten auf Familie, in-

---

212 Siehe Näheres in Reimer, *Leben.Rufen.Verändern*, 239-243.

folgedessen die einzelnen Gemeindeglieder lernen, ihre Gaben und Fähigkeiten in die Mission der Gemeinde einzubringen.

(b) Eine Nachbarschafts- und Willkommenskultur, die vom Dienst an Menschen geprägt ist und die sich sowohl auf die einzelnen Familien in ihrer Nachbarschaft als auch auf die Gemeinde als Ganzes bezieht.

(c) Ein GWA-Programm, das sich an das Gemeinwesen richtet und Themen aufnimmt, von denen alle Einwohner des Ortes betroffen sind.

(d) Ein offener und an die Welt gewandter Gottesdienst, der sich den Themen des Kontextes stellt und Formen nutzt, die von den Menschen verstanden werden.

(e) Eine Leitung, die die Evangelisationsprozesse in der Gemeinde initiiert und diese kritisch begleitet.

6.3.1. Evangelisation muss gelernt werden

Jünger Jesu werden nicht geboren, sie werden gemacht. Und evangelistisch aktive Jünger sind geschulte Mitarbeiter der Gemeinde. Gerade deshalb hat Gott in die Gemeinde „einige zu Evangelisten gesetzt ... um die Heiligen zum Werk ihres Dienstes zuzurüsten" (Eph. 4,11-12). Eine urbane Gemeinde, die danach trachtet, den sozialen Raum mit dem Evangelium zu erreichen, wird ihre Mitglieder bewusst schulen, so zu leben, zu dienen und zu reden, dass das Evangelium bei den Menschen ankommt. Das ist gerade in Bezug auf missional ausgerichtetes Familienleben von dringender Notwendigkeit. Durch intensive individuelle Schulung, Training in Gruppen und in der Gesamtgemeinde wird schließlich jene DNA in der Gemeinde vermittelt, die das Evangelium als Lebensausdruck im Alltag sichtbar und hörbar macht.[213]

Ein hervorragendes Beispiel einer solchen ganzheitlichen Schulung ihrer Gemeindeglieder zeigt die „Licht der Welt"-Gemeinde in

---

213 Mittelberg, *So wird ihre Gemeinde*, 195.

Chishinew, Moldova. Ihre Familienakademie ist so konzipiert, dass alle Familienmitglieder der zu der Gemeinde gehörenden Familien durch altersgerechte Trainingsprogramme in der Weitergabe des Evangeliums in Wort und Tat geschult werden.[214] Von klein auf lernt man hier, ganz natürlich zeugnishaft zu leben. Kinder lernen im gemeindeeigenen Kindergarten, mit den Kindern aus nichtchristlichen Familien zusammen friedvoll zu spielen, kreativen Ausdruck durch Kunst, Gesang, Musik und Tanz. Sie tun das, weil Jesus sie und alle Menschen liebt und deshalb auch sie andere lieben können und sollen. Jugendliche werden angeleitet, in Schule, Freizeit und Sport ihren Glauben als selbstverständlich zu leben, weil dieser Glaube zum Leben befreit. Eltern besuchen evangelistische Kurse, in denen sie evangelische Kindererziehung mit guter Nachbarschaft zu verbinden suchen, und Ähnliches mehr.[215] Die Ergebnisse dieser Gemeinde überzeugen. Aus einer kleinen Gruppe von überzeugten Christen, die sich mitten in der Stadt Chishinew versammelten, ist im Laufe der Jahre eine regelrechte Gemeindebewegung geworden, die sich in vielen Stadtteilen der Hauptstadt Moldovas ausbreitet und Menschen, die im Atheismus aufgewachsen sind, zu Jesus führt.

6.3.2. Willkommenskultur in der Gemeinde praktizieren

Menschen zum Glauben an Jesus Christus zu führen ist nur möglich, wenn man diesen Menschen gegenüber offen ist. Heute spricht man an dieser Stelle von der Willkommenskultur. Eine solche Kultur ist Bedingung für das Gelingen integrativer Evangelisation. In einer Gemeinde, in der Gastfreundschaft gelebt wird, in der der Gast tatsächlich König ist, in der es immer einen freien Platz für den Fremden gibt, werden sich Menschen schnell abgeholt, geliebt und gesegnet fühlen. Freilich geht es dabei nicht nur um Gemeindeveranstaltungen, sondern um das umfassende Leben der Gemeindeglieder im Alltag wie am Sonntag. Es

---

214 Näheres in: Nina Teplitzkaia: *Cerkov sluzhit ludiam. Istoria cerkvi svet miru goroda Kishineva.* (Kishivev: Cerkov Svet Miru, 2015), 64-75.
215 Ebd., 36-110.

ist eine auf den Mitmenschen zugeschnittene Lebensweise, und das entsprechend gastoffene Gemeindeprogramm ist nur ein Ausdruck davon.[216] Die einfache Frage: „Wann hast du zum letzten Mal einen ungläubigen Mitmenschen eingeladen, in deinem Haus Gast zu sein?", ist der beste Indikator für eine gelebte Willkommenskultur. Menschen in der Nachbarschaft sollten wissen und erfahren, dass sie bei uns willkommen sind und dass wir sie lieben, wie Christus sie geliebt hat.

Für den Mitmenschen da zu sein ist ein wesentliches Zeichen einer gelebten Willkommenskultur, das Herz einer solchen Kultur ist aber Partizipation.[217] Gesellschaftsrelevante Gemeindearbeit in der Stadt, wie wir es oben gesehen haben, ist immer daran interessiert, Gemeinde mit den Menschen statt für die Menschen zu bauen. Der Fremde ist nicht nur eingeladen, bei uns Gast zu sein, sondern mit uns zusammen im Gemeinwesen für das Wohl der Menschen aktiv zu werden. Dafür muss die Gemeinde entsprechende GWA-Projekte vor Ort konzipieren und in Gang setzen.

6.3.3. GWA-Projekte unterhalten

Missionarische, gesellschaftstransformierende Gemeindearbeit betont die Zusammengehörigkeit von Wort und Tat.[218] Die Gemeinde ist nicht nur Gemeinde des Wortes, sondern auch der Taten. Der Glauben findet Relevanz im Leben des Menschen, wo dieser nicht nur durch Verkündigung „Frieden, Vergebung, Rechtfertigung und Ermutigung für sein Leben im Glauben an Gott erfährt"[219], sondern die Gemeinde sich auch für die Umsetzung dieser in der Lebenswelt der Menschen einsetzt.[220] Und das tut sie im Konzept gesellschaftsrelevanter Gemeindearbeit in ihren GWA-Projekten. Hier zeigt sie durch ihren Einsatz das Evangelium im Alltag. Das Wort Gottes wird zur gelebten

---

216 Mehr dazu in Reimer: *Hereinspaziert,* 133-145.
217 Ebd., 140-143.
218 Murray, *Planting Churches,* 70.
219 Reimer, *Die Welt umarmen,* 220.
220 Vgl. Ebd.

Liebe, wird zur sichtbaren und erfahrbaren Tat. Menschen kommen hier in Berührung mit den praktischen Konsequenzen des Glaubens. Sie können sehen, wozu der Glaube imstande ist. GWA- und GWM-Projekte sollten immer kontextrelevant sein. Sie lindern reale Nöte, gehen realen Missständen vor Ort nach. Und sie sind in der Regel alle partizipativ aufgebaut. Jeder Einwohner kann nach Möglichkeit hier mitarbeiten. Zusammen mit ihren Nachbarn setzt sich die Gemeinde für das Allgemeinwohl ein. Alles andere würde letztlich niemand überzeugen. Nur so können Menschen Vertrauen zu den Christen fassen. Freilich setzen solche Projekte voraus, dass die Gemeinde den Ort, an dem sie Gemeinde baut, kennt, eine Kontextanalyse gemacht hat und sowohl Bedürfnisse des Ortes als auch seine Potenziale benennen kann. Nur so ist sie fähig, die Themen des sozialen Raums adäquat zusammen mit allen Willigen vor Ort anzupacken und damit das Evangelium den Menschen vorzuleben.

6.3.4. Gottesdienst in der Welt feiern

Das Evangelium im Lebensvollzug zu sehen, seine Konsequenzen in der Praxis am eigenen Leib zu erfahren führt zur Neugierde, zum prinzipiellen Interesse, zu vielen Fragen. Und diese wollen beantwortet werden. Die Gemeinde wird deshalb nicht nur vorleben und dienen, sondern auch gezielt verkündigen. Sie sollte eine Verkündigungskultur aufbauen, in der interessierte Menschen Antworten auf ihre Fragen finden können. Im ZeV der Gemeinde wird persönliche Evangelisation eng verbunden mit Gruppentreffen wie Hauskreisen und gottesdienstlichen Veranstaltungen, die gezielt evangelistisch ausgerichtet sind.[221] Gerade der Gottesdienst als Mitte des gemeindlichen Lebens sollte so gestaltet werden, dass Menschen, die Gott nicht kennen, hier Antworten auf ihre Fragen finden.[222] Die Predigt zum Beispiel müsste

---

221 Siehe das Modell in Johannes Reimer: *Leiten durch Verkündigung. Eine unentdeckte Dimension.* (Gießen. Brunnen Verlag, 2005), 97-102.
222 Johannes Reimer: *Gott in der Welt feiern: Auf dem Weg zum missionalen Gottesdienst.* (Schwarzenfeld: Neufeld Verlag, 2011), 99-134.

sich getreu dem Kondeszendenzprinzip Martin Luthers[223], der sich immer am Schwächsten unter seinen Zuhörern orientierte, an Menschen und ihren Themen aus dem Ort orientieren. Luther schrieb:

> „Alle deine Predigten sollen so einfach sein wie nur möglich! Nimm keine Rücksicht auf den Fürsten, sondern nur auf die Ungebildeten und die Ungelehrten; der Fürst wird auch nicht vom besseren Mehl gebacken sein ... Wenn ich in meiner Predigt sollte Philippum (Melanchton – Anm. von mir) und andere doctores ansehen, so mache ich nichts guts. Ich predige für die Ungebildeten ganz einfach, und so gefällt es allen."[224]

Und wie für die Predigt, so gilt dies auch für die Gesamtgestaltung des Gottesdienstes. Traditionell geladene und heute nicht mehr verständliche liturgische Elemente, Lieder und Prozesse haben in einem Gottesdienst für den Ort keinen Platz.

Gottesdienste sind aber nicht nur „Verkündigungstreffen". Hier wird das Evangelium gehört, aber auch gemeinschaftlich gefeiert. Jeder, der zum Gottesdienst kommt, sollte etwas mitbringen, schreibt der Apostel Paulus zu der Gemeinde im antiken Korinth (1Kor. 14,26). Im Gottesdienst soll *koinonia* = Gemeinschaft sein, in der jeder gefragt, jeder gebraucht wird, jeder etwas sagen kann. Gottesdienstbesucher, die Christus noch nicht kennen, dürfen da nicht ausgeschlossen werden. Willkommenskultur erhebt die partizipative Teilnahme zum obersten Gebot.

Es ist gut, wenn unsere Gäste mit einer Tasse Kaffee an der Tür des Gemeindezentrums begrüßt oder nach dem Gottesdienst zum Mittagessen in das Café der Gemeinde eingeladen werden. Besser allerdings wäre, wenn sie eingeladen werden, ihren Beitrag zum gemeinsamen Buffet mitzubringen und dann gemeinsam mit den anderen die mitgebrachten Köstlichkeiten zu genießen. Wir haben so in der Stadt Berg-

---

223 Zum Konzept: Reimer, Leiten durch Verkündigung, 50-53.
224 WA TR III, 454, 22 – 455, 2.

neustadt unsere Gottesdienste eine Zeit lang mit einem gemeinsamen Frühstück begonnen. Jeder brachte hier etwas mit, auch wenn es eine halbe Packung Schmierkäse war. Das Gefühl dazuzugehören kommt immer erst auf, wenn man auch etwas dazu beigetragen hat.

Natürlich ist es gut, wenn unsere Musiker die Besucher mit guter Musik und Gesang abholen, noch besser wäre allerdings, wenn auch Musiker aus dem Ort einen Raum bekommen, ihre Kunst vorzutragen. Und es ist gut, wenn künstlerisch begabte Gemeindeglieder ihre Werke im Gemeindehaus ausstellen, noch besser wäre es aber, wenn sie auch ihre örtlichen Kollegen einladen, das Gleiche zu tun. Natürliche Partizipation verstärkt das Interesse am Angebot der Gemeinde. So wird die Nachbarschaftserfahrung auch auf den größeren Zusammenhang, in den Raum der Gesamtgemeinde, übertragen. Und die Gemeinschaft mit den Christen öffnet ein Fenster zur Gemeinschaft mit Gott.

6.3.5. Wertewoche als Evangelisation

Klassische Evangelisationsveranstaltungen sind in Deutschland kaum noch gefragt. Es ist schwierig, Menschen in ein Zelt, einen Theatersaal und erst recht in ein kirchliches Zentrum einzuladen. Das Motto „Du brauchst Jesus" zieht nicht mehr. Dahinter wird sofort eine religiöse Tradition ohne Bezug zum Lebensalltag vermutet. Dagegen werden Aktionstage zu Werten und Spiritualität gerne angenommen. Erst recht, wenn solche Tage nicht von der Kirche allein angeboten werden. Als Evangelist habe ich solche Tage in mehreren Städten unseres Landes angeboten. Entscheidend hierfür ist eine feste Verortung der veranstaltenden Gemeinde im Gemeinwesen.

Die Wertewoche wird von der Kirchengemeinde konzipiert, wobei genau überlegt wird, wer im Gemeinwesen am besten geeignet ist, den einen oder anderen Wert zu veranschaulichen. Und wer steht vor Ort für Sicherheit und Schutz, wenn nicht die Polizei, wer rettet in Katastrophen, die von Feuer, Flut und Erdbeben verursacht werden, die Menschen, wenn nicht die Feuerwehr? Wer setzt sich für die Natur ein, wenn nicht der Naturschutzverein, und wer sorgt sich um eine gute Bildung unserer Kinder, wenn nicht die Schule, und wer versorgt unsere Bevölkerung mit Lebensmitteln, wenn nicht der Handel, und wer ermöglicht uns Arbeitsplätze, wenn nicht die Industrie? Man kann das beliebig fortführen. In jedem Gemeinwesen gibt es soziale Institutionen, die gutes Leben ermöglichen. Stehen sie für Werte, die auch die Gemeinde vetritt, so sind sie letztlich unsere Partner. Viele dieser Institutionen sind im besten Sinne des Wortes auf der Suche nach Mitarbeitern und Kunden. Gerne beteiligen sie sich an Aktionen, die ihre Grundanliegen transportieren.

In einer Wertewoche lädt die Gemeinde diese Institutionen ein, gemeinsame Aktionsabende zu gestalten. Weil sie es als Kirche tut und auf ihrem Kirchengrund die Veranstaltungen stattfinden, ist es für niemanden anstößig, wenn sie einen Redner vorschlägt, der den Bezug zwischen der Kirche und den propagierten Werten herstellt. Es ist faszinierend zu sehen, wie sich eine solche Woche im Laufe der Zeit entwickelt. In Neuwied am Rhein nahm z.B. die örtliche Polizei an einem Abend teil. Der Polizeitag stand unter dem Thema Rettung. Die Polizei hatte zunächst auf dem Parkplatz der Gemeinde ihre Rettungsfahrzeuge aufgestellt und gestaltete dann am Nachmittag ein Training, in dem ein mit hoher Geschwindigkeit in den Rhein gestürztes Auto samt Fahrer aus dem Wasser geborgen wurde. Die angekündigte Aktion versammelte Hunderte Schaulustige, und viele von ihnen kamen dann am Abend in das Veranstaltungszelt, in dem die Polizisten von ihrer gefährlichen Arbeit berichteten und über ihren Glauben an Gott sprachen, der ihnen Kraft gibt, trotz allem weiterzumachen. Und ja, es gab auch eine kurze Predigt, und ja, es gab auch ein offenes Café nach dem Programm. Und viele, sehr viele Gespräche und sogar Entscheidungen für Jesus.

In einer anderen Gemeinde übernahm die örtliche Feuerwehr den Tag zum Thema „Vertrauen". Auch sie lud die gesamte Bevölkerung auf den Parkplatz der Kirchengemeinde ein, stellte ihre Technik vor und bespaßte die Kinder auf allerlei Weise. Dann kam der Aktionsteil, und der Redner des Abends kletterte auf den Kirchturm. Und dann sprang er in das ausgebreitete Auffangtuch der Feuerwehrleute. Auch hier kamen Hunderte von Schaulustigen, und auch hier gab es einen faszinierenden Abend mit der örtlichen Feuerwehrkapelle und Zeugnissen der Feuerwehrleute und einer kurzen Ansprache und ...

Wenn man erst einmal an partizipative Evangelisation entlang der örtlichen Themen und Herausforderungen herangeht, wird man schnell unzählige Varianten einer gemeinsamen Verkündigung finden. Und diese ist dann natürlich und lässt bei keinem Teilnehmer das bittere Gefühl zurück, hier will die Kirche mich vereinnahmen. Die Fragen kamen mitten aus dem Leben, die Akteure aus meiner unmittelbaren Nachbarschaft und der Anspruch aus einer Kirche, die all das veranstaltet.

6.4. Prozesse müssen geleitet werden

Evangelisation im Stadtteil ist ein Prozess. Dieser umfasst mehrere Elemente, die von unterschiedlich begabten Gemeindegliedern und Menschen am Ort umgesetzt werden. Er verlangt nach Flexibilität in Form und Methode und setzt ein hohes Maß an Koordination voraus. Solche komplexen Prozesse kommen ohne Leitung nicht aus. Evangelisation in der Gemeinde muss nicht nur gewollt, sondern auch geleitet werden! Und Menschen, die hier Verantwortung übernehmen, sollten über die Gabe eines Evangelisten verfügen.[225] Sie sind es, die über Fähigkeiten und Kompetenzen verfügen, die Gesamtgemeinde am Ort so aufzustellen, dass sie dem Evangelium Gestalt, Tatkraft und Sprache verleiht. Solche Schlüsselpersonen zu identifizieren, zu berufen und freizusetzen ist unumgänglich, wenn die Gemeinde evangelistisch einen Ort mit dem Evangelium durchdringen möchte. Mark Mittelberg beschreibt in seinem Buch zur evangelistisch „ansteckenden Gemeinde" sowohl Kriterien als auch Vorgehensweisen, wie eine solche Person in der Gemeinde identifiziert und berufen werden kann. Er achtet dabei sowohl auf die Begabung als auch auf den gelebten Glauben,

---

225 Zum Profil siehe: Reimer, *Leiten durch Verkündigung*, 91-93.

der sich unmittelbar in evangelistischer Leidenschaft äußert.[226] Leiter sollten wissen, wie man ganzheitlich evangelisiert, und selbst leben, was sie anderen versuchen beizubringen.

„Der da oben scheint auf dich zu hören."
Steffi führt einen Mitschüler zu Jesus

„Mein Vater ist Evangelist", erzählt Steffi. „Er hat viele Menschen zum Glauben an Jesus geführt. Oft saß ich gebannt am Tisch und hörte seinen Geschichten nach dem gerade zu Ende gegangenen Evangelisationseinsatz zu. Und ich wünschte mir nichts mehr, als eines Tages auch jemanden zu Jesus zu führen."
Um sich selbst diesen Wunsch zu erfüllen, tat Steffi einiges. Sie nahm ganze Bündel von Traktaten mit in die Schule und verteilte sie unter ihren Mitschülern, meldete sich jedes Mal, wenn ihr Biologielehrer irgendeine Anspielung auf die Evolution brachte, und widersprach ihm.
„Ich war bald so etwas wie das hässliche Entlein in der Schule, die Fromme, die ihre Klappe nicht halten kann", sagte sie traurig. „Zum Glauben kam dadurch niemand. Meine Eltern wurden dafür aber regelmäßig zum Schulleiter zitiert. Man drohte ihnen sogar, mich von der Schule zu verweisen. Aber ich war einfach fanatisch. Die Sehnsucht, eines Tages meinem Vater erzählen zu können, dass auch ich einen Menschen zum Glauben an Jesus geführt habe, war einfach zu groß."

Die Misserfolge an der Schule dämpften Steffis Eifer etwas. Sie wurde ruhiger und besprach jetzt ihre Aktionen mit den Eltern, bevor sie handelte. Das half. Und dann kam der große Tag. Ein Mädchen aus ihrer Klasse verstauchte sich beim Springen im Sportunterricht schlimm den Fuß. Dieser schwoll schnell gefährlich an. Man rief nach der Ambulanz. Das Mädchen schrie vor Schmerz. Ohne zu zögern lief Steffi zu ihr hin, legte ihr die Hand auf den Fuß und bat Jesus,

---

226 Mittelberg, *So wird ihre Gemeinde*, 147-172.

den Schmerz zu lindern und den Fuß zu heilen. Die ganze Klasse sah zu. Und schon im nächsten Moment hörte die Verletzte auf zu schreien. Ihr Schmerz war weg. Ungläubig sah sie auf den immer noch etwas angeschwollenen Fuß, richtete sich dann langsam auf und konnte ganz normal gehen. Der Krankenwagen kam. Aber der Arzt fand keine Verletzung mehr. Der Fuß war geheilt. Gebannt sahen die Schüler auf das, was gerade vor ihren Augen passiert war. Auch Steffi war sprachlos. Erst Tage später dämmerte ihr, was sie getan hatte, als einer der Mitschüler sie bat, für ihn zu beten.

„Der da oben scheint auf dich zu hören", sagte er.

Sie betete für ihn, und auch ihm half Gott. Und dann kam dieser Mitschüler mit zum Gottesdienst, und zur großen Freude von Steffi ging er nach dem Gottesdienst zum Pastor und teilte ihm mit, dass er Christ werden wolle. Steffis Gebet habe ihm geholfen, er habe über Gott nachgedacht und sei nun überzeugt, dass es ihn gibt.

„Meine Großeltern waren Christen", erklärte er dem Pastor. „Sie haben mich ermutigt, zu euch in die Kirche zu gehen und mich zu bekehren. Und das will ich jetzt tun."

Steffis Freude war grenzenlos. Auch sie hatte einem Menschen geholfen, Christus kennenzulernen. Freilich, alles lief irgendwie anders. Und das meiste hatte er wohl doch selbst gemacht. Aber sie durfte dabei sein. Und darauf kam es an!

Fragen zur Weiterarbeit

1. Was ist für Sie Evangelisation?
2. Wie geschieht Evangelisation in Ihrer Gemeinde?
3. Wie haben Jesus und seine Jünger evangelisiert?
4. Warum schließt Evangelisation Leben, Taten und Worte ein?
5. Warum sind Familien zentral in der Nachbarschaftsevangelisation?
6. Wie erleben Sie die Kultur Ihrer Gemeinde? Ist sie gastfreundlich?
7. Wie kann eine Willkommenskultur in Ihrer Gemeinde aufgebaut werden?

Kapitel 7

Von der Evangelisation zum Gemeindebau

7.1 Evangelisation als Jüngerschaftsprozess

Evangelisation zielt auf Jüngerschaft. Der Befehl Jesu in Mt. 28,19-20 lautet: „Gehet hin in alle Welt und machet zu Jüngern alle Völker, indem ihr sie tauft und lehrt, alles zu behalten, was ich euch gelehrt habe." Und der Prozess des Jüngerwerdens beginnt im Konzept gesellschaftsrelevanter Gemeinde mit der ersten Begegnung des ungläubigen Menschen mit einem Christen und seiner Familie. Hier lernt er zuerst, was ein Leben mit Gott darstellt. Er liest es einfach aus dem Lebenszeugnis seiner christlichen Freunde ab. Hier lernt er, was Gemeinschaft und Freundschaft heißen. Hier lernt er, sich für das Gemeinwohl zusammen mit seinen christlichen Freunden einzusetzen. Er erlebt, dass sie beten, fasten und feiern. Sie teilen mit ihm ihr Leben, und wenn er dann nach Monaten oder Jahren selbst Christ wird, muss ihm all das nicht mehr beigebracht werden. Er hat das bereits tagtäglich beobachtet und gesehen, ja sogar zusammen mit den Evangelisten erlebt. Er beginnt mit der Entscheidung für Jesus nicht mehr bei null. Er war schon dabei, bevor er dazukam.

Freilich ist der Ist-Zustand des neubekehrten Jüngers weit entfernt von den Möglichkeiten, die Gott in ihn am Tag der Wiedergeburt hineingelegt hat. Denn vor der Entscheidung hat er es gesehen, jetzt tut er es selbst. Vor der Bekehrung hat er bewundernd beobachtet, jetzt kann er es selbst erleben. Vorher ging er mit, jetzt kann er andere anleiten. Vorausgesetzt, er weiß, wer er nach der Hinwendung zu Jesus geworden ist. In Christus sind wir eine neue Kreatur und als solche Botschafter an Christi Statt (2Kor. 5,17-20). Gabenzentrierter Gemeindeaufbau in der Stadt beginnt damit, dass die neuen Potenziale freigesetzt werden. Menschen, die Gott einsetzen möchte, um in der Stadt transformativ tätig zu sein, und mit denen er sein Reich bauen will, müssen von der Gemeinde freigesetzt werden. Gemeindeaufbau ist Menschenaufbau.

Das gilt ganz besonders für Familien. Die Potenziale der Gemeindefamilien freizulegen – darauf wird es gerade in der Stadt entscheidend ankommen. Und Freisetzung setzt Bewusstmachen und Schulung voraus. Die oben erwähnte „Licht der Welt"-Gemeinde in Chishinew, Moldova, hat hierfür eine Familien-Akademie gegründet. In einer solchen Akademie werden Eltern und Kinder nicht nur über die Wahrheit der Bibel informiert, sondern auch geschult, ihre Potenziale für Gott im lokalen Zusammenhang einzusetzen.

7.2. Sie sammeln sich bei Jesus

Menschen werden in der Gemeinschaft von Christen aufgebaut. Wer zum Glauben an Jesus kommt, sucht und findet bald seine Glaubensgeschwister. Denn wo zwei oder drei von ihnen zusammenkommen, da ist Christus selbst mitten unter ihnen (Mt. 18,20). Christusnachfolger finden einander. Erst recht, wenn man im Prozess einer familienzentrierten Evangelisation Jesus fand. Da hat man ja bereits Gemeinschaft mit Christen erlebt und über das Familiencluster auch die Gemeinde kennengelernt. Die Integration in die Gemeinde wird zu einem nahezu selbstverständlichen nächsten Schritt. Und der Heilige Geist beflügelt diese Entwicklung. Er ist es, der jeden von ihm gewonnenen Menschen als Glied in den Leib Christi eingliedert (1Kor. 12,13).

Gemeindebau hat immer mit dem Sammeln der Christusgläubigen zu tun. Jesus nennt sogar seine Gemeinde Versammlung (Mt. 16,18). Sie ist die *ekklesia*, eine aus der Welt herausgerufene Versammlung, die Verantwortung für die Welt übernehmen soll. Jesus will sie bauen. Sie ist sein Werk. Alles menschliche Dazutun ist nur unter der Regie des Heiligen Geistes möglich. Er stellt die Gemeinde, den Leib Christi, zusammen!

In der Praxis des Gemeindebaus setzt Gott uns Menschen ein. Er nutzt hierfür seine Vorstellung von der Gemeinde als lebendigem Organismus oder Leib. Jedes Glied dieses Leibes ist besonders begabt, besonders berufen und kann den besonderen Segen in seinem Werk erwarten. Der Apostel Paulus schreibt: „Wir sind sein Werk, geschaffen zu guten Werken, die Gott zuvor bestimmt hat, dass wir darin wandeln sollen" (Eph. 2,10). Mit anderen Worten, jeder Christ ist von Gott besonders begabt und besonders berufen (1Kor. 12,4-5). Wenn Sie in Ihrer Begabung und Berufung leben, dann setzt Gott Energie frei (1Kor. 12,6). Und wenn dann jedes Glied das koordiniert mit den anderen tut – dann wächst der gesamte Leib (Eph. 4,16). Koordination aller Gaben auf ein Ziel bewirkt Multiplikation. Es ist daher enorm wichtig festzustellen, womit der Geist Gottes die Gemeindeglieder begabt hat und wozu der Herr sie berufen hat. Nur so können sie freigesetzt werden zum „Werk ihres Dienstes" (Eph. 4,12).

Gemeindebau ist Gottes Sache und zugleich gabenzentrierter Aufbau. Es geht nicht ohne eine intensive Potenzialanalyse und ein entsprechendes Training der einzelnen Gemeindeglieder für den Dienst. Gehen wir den beiden Perspektiven in der konkreten Praxis einmal näher nach.

7.3. Gott bleibt am Pult

Gemeindebau ist Gottes Sache. Er baut seine Gemeinde. Wir machen da ja alle nur mit. Und wenn wir es authentisch machen wollen, dann müssen wir lernen, auf seine Stimme zu hören. Eigentlich eine Selbstverständlichkeit. Aber in den meisten evangelischen Gemeinden wenig praktiziert. Gebet ist hier zu einer liturgischen Mitteilungskultur geworden. Man redet zu Gott und nicht mit ihm. Dabei ist gerade seine Stimme entscheidend. Jesus verspricht seinen Jüngern, ihnen den Geist Gottes zu senden, der sie in alle Wahrheit führen (Joh. 14,26) und der Welt die Augen öffnen wird, sodass sie ihre Sünden und die Gerechtigkeit Gottes sehen werden (Joh. 16,7-11). Der Geist Gottes wird nach innen in die Gemeinschaft der Christen und nach außen in die Welt wirken. Er sieht alles aus der Vogelperspektive. Er weiß, was vor Ort wirklich stattfindet, und er weiß, was die Christen einsetzen können. Ihn zu fragen heißt, informiert zu sein. Und wenn er am Steuerpult sitzt und uns in unseren Aktionen leitet, dann ist Erfolg garantiert.

Hörendes Gebet ist somit der Weg, das Richtige zur rechten Zeit am richtigen Ort zu tun. Gemeindeaufbau ist da effektiv, wo man den rechten Ort, den rechten Zugang zu den Menschen und adäquate Formen des Gemeindelebens gefunden hat. Wer betend hört, wird geführt, und so wird das Gebet zur „Sprachschule der Sendung"[227]. Das Gebet beflügelt aktive Christen zum missionarischen Handeln an dem Platz, an dem Gott uns haben will.

Es ist daher eine Frage absoluter Priorität, Menschen, die durch die evangelistische Arbeit der Gemeinde zum Glauben an Jesus finden, in ihrer persönlichen Beziehung zu Gott, dem Heiligen Geist, anzuleiten. Jüngerschaftskreise, -schulen oder Ähnliches sollten die neuen Gläubigen geistlich stabilisieren und ihre Hörfähigkeit sowohl in ihrem individuellen Gebetsleben als auch in der Gemeinschaft mit anderen Christen stärken. Besonders jedoch in der eigenen Familie. Kinder müssen mit dem Wissen aufwachsen, bei uns in der Familie hören wir erst gemeinsam auf Gott, und dann tun wir das, was man so tun muss. Und weil sie in einer solchen familiären Kultur des Hörens auf Gott aufwachsen, ist für sie mit den Jahren nichts so selbstverständlich, nichts so natürlich wie ebendieses bewusste, tägliche Hören auf den Schöpfer. Und dann können sie mit dem Apostel Paulus sagen: „Denn in Ihm leben wir, bewegen wir uns und sind wir" (Apg. 17,28). Letztlich sind es immer Menschen, die ihre Beziehung authentisch leben, die ganz natürlich zeugnishaft sind.

In der Familienzentrierten Gemeinde (FZG) finden sowohl Evange-

---

227 Klaus Eickhoff: Wohin predigen führt: Die sendungsorientierte Gemeinde als Ziel biblischer Verkündigung. Unveröffentlichte DTh-Dissertation. (Pretoria: University of South Africa, 2005), 135. Digital: http://uir.unisa.ac.za/handle/10500/1446 (letzter Zugriff: 1.09.2017).

lisation als auch Jüngerschaft im Familiencluster statt. Hier lernen und leben Familien zusammen. Und die lokale Gemeinde stellt dem Familiencluster alle Hilfen zur Verfügung, die benötigt werden.

Im Hören auf Gottes Geist wird den Menschen klar, womit dieser sie begabt hat und was Er erwartet, das Christen in seinem Auftrag tun. Er, der dreieinige Gott, begabt, beruft und bevollmächtigt (1Kor. 12,4-6). Um gabenzentriert arbeiten zu können, muss die Gemeinde deshalb jeden Christen in dessen Begabung und Berufung identifizieren. Das sollte in den ersten Monaten nach der Entscheidung für ein Leben mit Gott im Familiencluster oder einem besonders eingerichteten Jüngerschaftskreis stattfinden. Manche Gemeinden nutzen hierfür erstelltes Jüngerschaftsmaterial. Wir arbeiten mit dem von mir geschriebenen Manual zu den Geistesgaben.[228] Mehrere andere brauchbare Jüngerschaftsprogramme sind auf dem Markt.

7.4. Neue Gaben – neue Verantwortung

Neue Glieder in der Gemeinde bringen frische Kraft, individuelle Begabungen und Kompetenzen in die Gemeinschaft und ihre Missionsarbeit ein. Es ist wichtig, diese schnell zu erkennen und einen entsprechenden Einsatzort zu definieren. „An keiner Stelle war ich so *on fire*, mich für Jesus zu investieren, als gleich nach meiner Bekehrung", berichtet fast jeder, der diesen Schritt bewusst gemacht hat. „Am liebsten hätte ich jeden in meiner Umgebung in die Arme genommen und in die Gemeinde geschleppt." Neubekehrte sind begeisterte Menschen. Freilich ist ihre Begeisterung noch recht wild. Sie sind selten genug über den Glauben informiert, ihre Sprache ist alles andere als ausgeformt. Als Glaubenskinder können sie manchmal mehr Schaden als Nutzen produzieren. Gemeinden neigen daher dazu, die Leidenschaft der Neuen erst zu ordnen, in eingefahrene Kanäle zu leiten – und machen damit einen entscheidenden Fehler. Mit den Monaten und Jah-

---

228 Johannes Reimer: *Aufbruch in die Zukunft. Geistesgaben in der Praxis des Gemeindelebens.* 3. Auflage. (Hammerbrücke: Conception Seidel, 2013.)

ren des Reifeprozesses schwindet der Elan und kühlt die Leidenschaft ab. Noch schlimmer allerdings ist der stetige Verlust der Innovation. Die Neubekehrten sind ja der Welt am nächsten. Sie haben ihre alten Freunde in der Welt. Sie kennen die Vor- und Nachteile des Gemeinwesens besser als jeder traditionelle christliche Leiter. Sie sind die potenzielle, innovative Speerspitze in die Gesellschaft hinein. Und sie bringen einen großen Freundes- und Verwandtenkreis von noch nicht gläubigen Menschen mit. Mit ihnen eröffnen sich der Gemeinde neue Räume zur missionarischen Expansion.

Es macht daher Sinn, das missionarische Programm der Gemeinde um die Neuen herum zu organisieren. Hauskreise zum Beispiel funktionieren am besten in den Häusern und Wohnungen der Neubekehrten oder ihrer Familien. Familiencluster lassen sich leichter um die Familien der Neuen gruppieren. Neue Formen des Gemeindelebens lassen sich schmerzfreier da etablieren, wo die Mehrheit der Beteiligten über wenig kirchliche Tradition verfügt. Partizipativer Gemeindebau vor Ort setzt voraus, dass kulturelle Unterschiede zwischen Christen und Nicht-Christen auf ein Minimum reduziert werden. Eine wachsende Zahl von Neubekehrten in der Gemeinde verleiht dieser jene Vitalität, die sie braucht, um den sozialen Raum zu transformieren. Je weniger Menschen von außen in der Gemeinde zu Jesus finden, desto deutlicher verblasst auch die missionarische Ausstrahlung der Gemeinde in den Ort hinein.

Natürlich brauchen die Neuen enorm viel Unterstützung und Ermutigung. Aber sie bringen dafür umso mehr neue Energie und Leidenschaft in die Mission der Gemeinde. Die Konzentration und Ausrichtung der Gemeinde an ihnen sind für den Aufbau der Gemeinde zentral. Erst recht in der Stadt. Die Stadt lebt von Veränderung. Neues ist hier an der Tagesordnung. Festhalten an traditionellen Strukturen ist dem urbanen Lebensgefühl wesensmäßig zuwider. Die schnellen Wandlungen der Stadt werden gerade traditionellen Gemeindestrukturen zur Falle. Darauf muss man im Gemeindeaufbau flexibel reagieren. Die Ausrichtung auf den Neuen schafft dafür günstige Bedingungen.

7.5. Ein Dach über dem Kopf

Gesellschaftstransfomierender Gemeindeaufbau verortet die Gemeinde im Gemeinwesen. Und die Konzentration der Evangelisation und Jüngerschaft auf Familien lässt sie in den Nachbarschaften ankommen. Die Kirche wird heute in der Regel als sakrales Gebäude wahrgenommen. Welche Rolle kommt denn einem Gemeindezentrum in der Stadt zu? Gerade in der Stadt spielen Häuser eine wichtige Rolle. Soziale, kulturelle, ökonomische und politische Institutionen werden auch an ihren Zentren, Häusern und Räumen erkannt. Kommt der urbane Gemeindebau ohne Haus aus? Der Lebensort der Gemeinde ist nicht das Gemeindezentrum, sondern das Gemeinwesen. Sie ist draußen bei den Menschen zu Hause. Da ist ihr Platz. Richtig. Und doch gewinnt die Gemeinde ihre Gestalt, gerade im Kontext der Stadt, am Ort ihrer Zusammenkunft.[229]

Was kann und soll denn in den vier Wänden eines Gemeindehauses passieren? Müsste die Gemeinde nicht einfach raus aus dem Haus und hinein in die Welt? Ja und nein. Um die Menschen in der Welt mit ihrer Botschaft von der Versöhnung zu erreichen, braucht die Gemeinde beides – einen Rückzugsort als Raum der Kontemplation und die Präsenz des Reiches Gottes im Lebensraum der Menschen. Um in der Welt zu Hause zu sein, muss die Gemeinde der Welt ihre Herzen und Räume öffnen.

Paulus weist seinen Schüler Timotheus an, **für alle Menschen und ihre Führer zu beten, damit sie friedvoll und in aller Würde leben können, weil dies gut in den Augen Gottes ist, der** ja will, dass alle Menschen gerettet werden (1Tim. 2,2-4). Offensichtlich öffnet das Gebet für den Frieden Chancen, den Menschen die Wahrheit Gottes, die sich in Jesus Christus offenbart hat, nahezubringen. Das Gemeindehaus kann und soll zu einem *Ort der Fürbitte für die Menschen in der Welt* werden. Hier nimmt die Gemeinde ihre priesterliche Rolle wahr. Kon-

---

229 Reimer: *Gott in der Welt feiern*, 59-61.

sequenterweise sollte die Einrichtung des Kirchenraums etwas von der priesterlichen Aufgabe der Gemeinde deutlich machen. Menschen innerhalb der Kirchenräume sollten den Eindruck haben, hier wird für sie bei Gott eingestanden. Das kann z.b. durch die Einrichtung von Heilungsräumen zum Ausdruck gebracht werden. Die Organisation Healing Rooms Deutschland e.V. (HRD) bietet auf ihrer Internetseite eine Fülle von Anregungen, wie ein solcher Raum eingerichtet werden und funktionieren kann.[230] Das *Gebetshaus Augsburg* bietet hierfür ein anschauliches Beispiel.[231]

Freilich kommt kein befreiendes Gebet ohne Beichte und Nacharbeit aus. Versöhnung mit Gott setzt in der Regel einen Prozess der Versöhnung mit den Mitmenschen voraus. Die vielen Programme zur Gemeinwesenmediation (GWM) verdeutlichen das Gesagte.[232] Eine Gemeinde, die sich als Ort der Versöhnung versteht, wird unweigerlich zum Mediationszentrum des Ortes, an dem Menschen Hilfe bei den unterschiedlichen Konflikten in Familie, Nachbarschaft, auf der Arbeitsstelle oder in der Schule finden können.[233] Hier, im Gemeindehaus der Ortskirche, finden sie eine Anlaufstelle für ihre Sehnsucht nach Konfliktlösungen.

Besonders interessant an dieser Stelle ist das Konzept der situativen Evangelisation, der *apt-liturgy,* wie sie vor allem in der Anglikanischen Kirche in England praktiziert wird. Das Konzept nutzt den Bezugsrahmen der Krisenseelsorge, um Menschen in friedlosen Zeiten Beistand und Trost zu spenden. So erfahren sie die liebevolle Zuwendung der Christen und öffnen sich für das Wort Gottes.[234]

---

230 http://www.healingrooms.de (letzter Zugriff: 29.04.2017).
231 Siehe: https://gebetshaus.org (letzter Zugriff: 29.04.2017).
232 Siehe unter anderem: Monika Götz, Christa D. Schäfer: *Mediation im Gemeinwesen: Nachbarschaftsmediation – Stadtteilmediation – Gemeinwesenmediation.* (Baltmannsweiler: Schneider Hohengehren, 2008.)
233 Schaller: *Kirche und Gemeinwesenarbeit.*
234 Zu Konzept und Praxis der *apt-liturgy* siehe: Zur Einordnung der situativen Evangelisation in ein evangelistisches Gesamtkonzept der Gemeinde siehe: Anne Morisy, *Beyond the Good Samaritan* (London: Continuum, 1996); dies.: Journeying Out. (London: Continuum, 2014). Siehe dazu auch Beispiele aus dem Bereich der Muslim-Evangelisation: David W. Shenk: The Gospel of Reconciliation Within the Wrath of the Nations. In: *International Bulletin of Missionary Research*, Vol. 32, No. 1/2008, 3-9.

Und schließlich geht es nicht nur um Konfliktlösung allein, sondern um ein befreites Leben danach. Wie schnell geraten Menschen auch nach allen Therapien in den alten Strudel, und dann wird die gerade geglaubte Überwindung des Konflikts zu jener bitteren Enttäuschung, die Konflikte erst recht auf den Plan ruft. Die Gemeinde muss sich daher als Chancenwerk für die Menschen begreifen, und als solche wird sie zu einer lernenden Organisation[235], zur Werkstatt, in der Menschen zusammen mit Christen anders leben lernen. Und das kann in unzähligen Bereichen des Gemeinwesens der Fall sein. Überall da, wo das Gemeinwesen sich selbst organisieren muss, um sinnvolles Zusammenleben zu ermöglichen, liegen Chancen für die lokale Gemeinde, Gemeinwesenarbeit (GWA) anzuregen. Das Gemeindezentrum wird zur Anlaufstelle, zum Schulungs- und Koordinationszentrum solcher Aktionen.

Das jeweilige urbane Gemeinwesen ist bunt und die Herausforderungen eines Gemeinwesens jeweils kontextbedingt. Deshalb werden sich auch die GWA-Projekte der jeweiligen Ortsgemeinden voneinander unterscheiden. Entsprechend unterschiedlich fallen die Konzeptionen des Gemeindehauses aus, findet doch ein Teil dieser Projekte im Gemeindezentrum statt. Beispiele verdeutlichen, was gemeint ist. Viele Gemeinden haben auf den Bedarf im Gemeinwesen nach KITAS eine entsprechende Tagesstätte in ihrem Gemeindehaus untergebracht, andere gestalten ihr Gemeindehaus zu einer Kindertafel und wiederum andere zum Spielparadies für alleinstehende Eltern und Kinder um. Dazu kommen Bildungs- und Beratungszentren, Sport- und Freizeitaktivitäten, Unterbringungsräume für Flüchtlinge und Studenten usw. Die im Gemeinwesen vorgefundene Not macht die für das Gemeinwesen lebende Gemeinde erfinderisch. Und in der Konsequenz werden die Gemeinderäume entsprechend angepasst und eingerichtet.

Freilich kann keine Gemeinde allen Nöten eines Gemeinwesens begegnen. Sie wird sich daher auf ihre Kernkompetenz konzentrieren

---

235 Der Begriff wird von Peter Spiegel für eine Organisation verwendet, die sich in transformierende Prozesse hineinbegibt und Veränderung über die Zeit anregt und mitgestaltet, siehe: Peter Spiegel: *Eine bessere Welt unternehmen: Wirtschaften im Dienst der Menschen.* (Freiburg: Herder, 2011), 104.

müssen. Und das sind Versöhnung, Mediation, Konfliktlösung und Heilung. GWA-Projekte einer Gemeinde sollten sich deshalb auf Themen konzentrieren, die die Kernkompetenz der Gemeinde zum Ausdruck bringen. Gemeinde ist eine mediäre Institution, und als solche wird sie am besten in der Bevölkerung helfen können. Freilich immer im Konzert mit anderen sozialen Instituten der Gesellschaft als intermediärer Agent der Transformation. Wolfgang Huber nennt Kirche daher eine „intermediäre Institution"[236]. Intermediäre Institutionen repräsentieren die Bedürfnisse der Einzelnen im Gesamtkonzept der Gesellschaft. Kirchen haben als Teil der Gesellschaft die Aufgabe, als gesellschaftlicher Partner ihren eigenen, besonderen Beitrag zu leisten. Huber verortet ihren Beitrag in der Schaffung von „Orte(n) der Begegnung und Vergewisserung"[237] und des „Perspektivwechsels"[238]. Sie muss erkennbar sein, weil sie „Fürsprecherin"[239] für die ist, die in der Gesellschaft zurückbleiben, die keine Stimme haben. Kirche muss erkennbar sein als der Ort, an dem Leben eine neue Bedeutung bekommt, wenn die Grenze der Menschlichkeit in der Gesellschaft erreicht ist. Kirche ist Ort von Versöhnung, Ort der Gnade und des Zuspruchs. Diese Qualität ist ihr wesensmäßig inne, kommt aber vor allem dann zum Tragen, wenn sie als Partnerin der Gesellschaft heraussticht. Kirche wird dann zur Kirche, wenn sie für und mit anderen da ist.

7.6. Eingebunden in das Netzwerk Stadt

Die Gemeinde vor Ort ist ein sozialer Akteur unter vielen. Wie oben gesehen, ist der urbane Raum ein lebendiges Netzwerk, das ein sinnvolles Leben vor Ort ermöglicht. Die unterschiedlichen Akteure bedingen einander. So unterstützt die Politik die Ökonomie und fördert die Ansiedlung von Betrieben, die den Menschen ihr Einkommen und damit die materiellen Grundlagen ihrer Existenz sichert. Und die

---

236 Wolfgang Huber: *Kirche in der Zeitenwende, Gesellschaftlicher Wandel und Erneuerung der Kirche.* (Gütersloh: Verlag Bertelsmann-Stiftung, 1998), 267.
237 Ebd., 283.
238 Ebd., 280.
239 Ebd.

Menschen unterstützen wiederum die Politik, die ihrerseits für eine soziale und kulturelle Infrastruktur mitsorgt. Und wo sie es nicht tut, bilden sich Initiativen, die das Wohl der Menschen vor Ort suchen. Mitten in diesem Geflecht von politischen Interessen, sozialen Institutionen, ökonomischen Strukturen, kulturellen und religiösen Einrichtungen, Bildungsangeboten und Informationsträgern steht die Gemeinde. Auch sie will gutes Leben vor Ort fördern. Auch sie will das Gemeinwesen zu einem lebenswerten Raum transformieren. Mit ihren GWA-Projekten steht sie mitten im Leben und arbeitet zusammen mit den anderen Akteuren am Gelingen des Stadtteils. Es macht Sinn, dass sie sich weitgehend mit den Akteuren zusammenschließt, die ihre Wertvorstellungen vertreten.[240] Aus diesen Kreisen gewinnt sie ihre besten Ideen, potenzielle Mitarbeiter und Unterstützung. Ähnlich wie Neubekehrte eine Öffnung in die angeschlossenen Freundes- und Verwandtschaftskreise ermöglichen Sozialakteure im Gemeinwesen den Zugang zu Ressourcen, Personal und Einfluss. Deshalb sollten urbane Netzwerke wertgeschätzt werden und die Gemeinde nach Möglichkeiten suchen, sich mit ihnen zu verbinden.[241]

Dabei bedeutet Vernetzung jedoch nicht Zusammenarbeit in allen möglichen Bereichen. Vielmehr werden die Netzpartner für nützliche Bereiche gesucht, in denen sie zusammenarbeiten können. Da ist dann mit dem einen Partner mehr möglich als mit dem anderen. Man spricht auch über „schwache und starke Beziehungen" im Netzwerk Stadt.[242] So kann keine Gemeinde eine totale Zusammenarbeit mit politischen Parteien suchen, ohne dabei über kurz oder lang ihre prophetische Stimme zu verlieren, genauso wenig, wie sie mit religiösen nichtchristlichen Vereinen Gott anbeten kann, unterscheiden sich doch die jeweiligen Gottesvorstellungen prinzipiell voneinander. Aber sie kann sich mit einer Partei und mit einer religiösen Gruppe für bessere Lebensbedigungen vor Ort und soziale Gerechtigkeit einsetzen. Und in einer solchen Zusammenarbeit kann und wird sie zeugnishaft die Kraft des Evangeliums vorleben.

---

240 Zur Vernetzung vor Ort siehe Sommerfeld, *Mit Gott in der Stadt*, 563-584.
241 Ebd., 567-568.
242 Ebd., 574f.

Wir als Gemeinde schlossen uns immer Foren im Stadtteil an, in denen unterschiedliche Parteien am Ausbau und der Entwicklung des Stadtteils arbeiteten. Wir diskutierten mit, setzten uns auch immer wieder tatkräftig in gemeinsamen Aktionen ein und feierten gern zusammen. Und wenn es Not an Einsatzkräften, Ressourcen etc. gab, dann sagten wir wie selbstverständlich: „Wir beten dafür." Am Anfang wurde dieser Satz belächelt. Aber eines Tages sagte der Leiter des runden Tisches der Stadtentwicklung: „Wir haben einen unvorstellbar guten Plan, leider fehlen uns dafür alle notwendigen Mittel", und dann drehte er sich zu unserem Mitarbeiter um und bat ihn, der Gemeinde mitzuteilen, dass sie beten solle. Und dann kam sein Satz, den man wohl nicht so schnell vergisst: „Immer wenn ihr gebetet habt, sind unmögliche Entwicklungen eingetreten. Ich bin kein Gläubiger, aber auf euer Gebet will ich nicht verzichten." Das ist Zeugnis, und es ist nur möglich, weil man im Netzwerk dabei ist.

Netzwerke leben von ihrer Sachbestimmung und vom persönlichen Engagement der beteiligten Personen. Wir haben als Gemeinde beschlossen, unsere Wertschätzung für das lokale Netzwerk nicht nur in Dankesworten auszudrücken. Am Erntedankfest suchten wir die Sozialakteure auf, überreichten ihnen unser Dankeschön für das Engagement am Ort und segneten sie für ein nächstes erfolgreiches Jahr. Diese Erntedank-Dynamik zahlte sich bald in einer vertieften Beziehung der unterschiedlichen Partner zur Gemeinde aus. So wurden aus Partnern Freunde, denen es bald nicht mehr schwerfiel, über die Schwelle unseres Gemeindehauses zu treten und einen Gottesdienst zu besuchen.

7.7. Auf die Leitung kommt es an

Gott baut Gemeinde, und er tut es in und durch sein Volk. Jeder, der sich diesem Volk anschließt, ist gefragt. „Sie sind sein Werk geschaffen zu guten Werken, die Er zuvor bestimmt hat, dass sie darin wandeln sollen" (Eph. 2,10). Und wenn sie diese Dienste wahrnehmen, dann wächst die Gemeinde (Eph. 4,16). Es ist also entscheidend, alle Glieder der Gemeinde zum Dienst freizusetzen. Geschehen kann das durch eine entsprechende Gemeindeleitung, die Gott selbst einsetzt, um die „Heiligen zum Werk ihres Dienstes zuzurüsten" (Eph. 4,12).

Der Apostel Paulus sieht in einer solchen Leitung Menschen mit strategisch-apostolischer, analytisch-prophetischer, kommunikativ-evangelistischer, pastoral-seelsorgerlicher und lehrmäßiger Begabung und Kompetenz (Eph. 4,11).[243] Dieses schlagfertige Team besteht deutlich aus zwei Typen von Leitern – Strategen (Apostel und Prophet) und operativen Führern (Evangelist, Hirte und Lehrer). Dabei sind die ersten für die Strategie, die zweiten für die Verwirklichung der Strategie im Gemeinwesen verantwortlich. So kann sich der Gemeindeaufbau gezielt, kontextbezogen und zugleich spirituell zugespitzt ereignen, nach außen gerichtet und nach innen gestärkt. Sie verstehen Gottes Absichten und Mission (Apostel), haben ihr Ohr an der Stimme Gottes (Propheten) und kommen so zu den Menschen vor Ort (Evangelisten), führen sie zur geistlichen Reife (Hirten) und geben ihnen ein gesundes Lebensfundament (Hirten).

„Die Müllers sind unser geistliches Zuhause"

Walter, Beate und ihre Kinder sind zwei Jahre lang mit der Nachbarsfamilie Müller, Werner und Christiane, befreundet gewesen, bevor sie zum Glauben kamen. Sie kamen aus der ehemaligen DDR und hatten vom Glauben keine Ahnung. In den Westen waren sie berufsbedingt gezogen.

„Die Müllers haben uns gleich nach unserem Einzug mit einer Begrüßungstorte hier in der Nachbarschaft willkommen geheißen. So etwas kannten wir von zu Hause nicht", erzählt Beate. „Und unsere Kinder spielten vom ersten Tag an zusammen, besuchten sogar denselben Kindergarten. Wir fanden schnell heraus, dass die Müllers fromm sind. Aber sie gingen mit ihrer Frömmigkeit weder hausieren, noch versteckten sie ihren Glauben vor uns."

---

243 Zur inhaltlichen Füllung der Begriffe siehe Reimer: *Leiten durch Verkündigung*, 60-155.

Walter und Beate arbeiteten beide oft bis in die Nacht. Das schmucke neue Haus wollte abbezahlt werden.

„Ich weiß noch, wie ich schwer beeindruckt von unseren Nachbarn war, als sie uns vorschlugen, ihnen unsere Kinder für die Abende zu überlassen, wenn mein Mann und ich wieder mal beide zum Betrieb mussten. Unsere Kinder haben gefühlt tausendmal bei ihnen Abendbrot gegessen und übernachtet. Und an den Wochenenden gingen sie auch mit den Müllers zur Kirche. Ich bin dann eines Tages vor lauter Neugierde auch mitgegangen."

Zwischen den Familien entwickelte sich so etwas wie eine Freundschaft. Und es war mehr als selbstverständlich, dass Walter sich einverstanden erklärte, Werner beim Ausbau des kirchlichen Kindergartens zu helfen. Auch die Menschen, die er hier kennenlernte, hinterließen auf ihn einen positiven Eindruck.

„Bald schon fragte ich Werner selbst, ob es nicht wieder einmal eines dieser sozialen Projekte gab, an dem ich mithelfen könne. Und so wurden wir beide Mitarbeiter an einer der vielen sozialen Initiativen der christlichen Gemeinde. Ich kann heute mit Sicherheit sagen, dass es diese Kombination von guter Nachbarschaft und gemeinsamem Einsatz für unseren Ort war, die mich immer mehr vom Glauben der Müllers überzeugte. Schließlich fand erst ich, dann auch bald Beate zum Glauben. Unser geistliches Zuhause sind die Müllers. Durch sie fanden wir zum Glauben und zu unserer Mission."

Heute leiten Walter und Beate ein Projekt der Gemeinde. Sie sind wertvolle Mitarbeiter und, genau wie ihre Vorbilder, die Müllers, liebevolle Nachbarn.

Fragen zur Weiterarbeit:

1. Welche Rolle fällt Jüngerschaftsprogrammen im Gemeindeaufbau zu? Wie können diese in der Praxis aussehen?
2. Warum ist es wichtig, Jüngerschaft im Verbund mit Familien zu praktizieren?
3. Warum brauchen wir heute noch Gemeindehäuser?
4. Welche Leitung braucht die Gemeinde im 21. Jahrhundert?

Kapitel 8

Vom Gemeindebau zur Evangelisation

8.1. In Bewegung gesetzt

Gemeindeaufbau zielt auf Transformation des sozialen Raumes. Er ist abgeschlossen, wenn der soziale Raum im Sinne des Reiches Gottes transformiert ist. Und da eine solche Vorstellung gerade im Kontext der Stadt eher utopisch ist, ist auch der Gemeindebau nie abgeschlossen. Die Stadt ist ständig in Bewegung. Sie erfindet sich immer wieder neu. Und so wird auch die Gemeinde in immer wieder neue Herausforderungen einsteigen müssen. Das lebendige Netzwerk Stadt verlangt nach einer lebendigen Gemeinde, die sich als Netzwerk konstituiert und in pluriformer Gestalt die unterschiedlichen sozialen Schichten, Millieus und Stadtteile mit dem Evangelium versorgt. Damit steigt sie in einen Zyklus permanenter Gemeindepflanzung ein.

Am besten ist ein solcher Gemeindeaufbau mit einer Bewegung zu vergleichen. Und Bewegungen müssen so angelegt werden, dass die notwendigen Strukturen sie nicht lähmen, sondern eher fördern. Wie vernetzt man sich als Gemeinde im Netzwerk Stadt? Welchen Nutzen gewinnt man davon für den Gemeindeaufbau? Was kann/soll praktisch passieren? Wir schlagen vor, den Aufbau einer urbanen Gemeindestruktur zu forcieren, die beides verbindet: lokale Ortspräsenz und gesamtstädtisches Netzwerk.

8.2. Von der Orts- zur Stadtgemeinde

Wir bauen Ortsgemeinde = *Ekklesia*. In diesem Buch wird sie als eine Gemeinde dargestellt, die sich an die Familien vor Ort wendet, Familiencluster schafft und dadurch Zugang zum Gemeinwesen gewinnt. Sie ist am Schalom, am Gemeinwohl aller vor Ort, interessiert. Hierfür sucht sie, zusammen mit anderen sozialen Akteuren im Stadtteil, GWA-Projekte zu verwirklichen, die das Leben lebenswerter machen, soziale Gerechtigkeit und Friedfertigkeit fördern. Darin kommt für sie das Evangelium zum Ausdruck. Im Leben, in Taten, im Reden und in der Verkündigung der Gemeinde und ihrer Familien gewinnt das Evangelium Gestalt und wird für alle in der Stadt sichtbar.

Gelingen kann eine solche Vision nur durch eine möglichst enge Bindung an den deutlich markierten Sozialraum. Hier leben, arbeiten und verkündigen Gemeindeglieder die beste Botschaft der Welt mit Mitteln und in Formen, die den Menschen verständlich sind. Und je näher sie an die Kultur und die Sprache der Menschen vor Ort kommen, desto verständlicher wird ihre Verkündigung. Ortsgemeinde ist im Kontext der Stadt eine lokale Stadtteilgemeinde. Sie ist da, wo ihre Gemeindeglieder leben und den Menschen in ihrer Nachbarschaft dienen.

Der Ortsbezug, so wichtig, wie er erscheint, ist aber gerade in der Stadt auf Dauer problematisch. Städter leben, arbeiten und verbringen ihre Freizeit meist in verschiedenen Stadtteilen. Nicht selten lebt man zwar in einem bestimmten Stadtteil, unterhält aber einen Freundeskreis in einem anderen. Dazu kommt die dynamische Entwicklung städtischer Bevölkerungswanderung. Die soziale, kulturelle und milieugestützte Bevölkerung, die heute noch einen Stadtteil prägt, kann schon morgen überlagert werden von Neuankömmlingen. Etablierte Formen, Sprachen und Kommunikationsmittel werden so in Frage gestellt. Was gestern noch bieder deutsch aufgebaut war, kann schon heute von Einwanderern aus der weiten Welt durchsetzt werden. Und die christliche Gemeinde, die sich an die Menschen, die den Ort bewohnten, angepasst hat, muss den massiven Wegzug ihrer Mitglieder befürchten und neue Wege erschließen, um die neuen Nachbarn mit dem Evangelium zu erreichen. Gefragt ist somit ein flexibler Ortsbezug, wie wir ihn oben angedacht haben. Die Gemeinde muss sich als Netzwerk etablieren, das auf Fortpflanzung angelegt ist.

Der Wegzug der Alten und der Einzug der Neuen eröffnen der Gemeinde ungeahnte Möglichkeiten für Evangelisation und Gemeindegründung. Wo die alten Gemeindeglieder hinziehen, können neue Gemeinden entstehen. Und die neuen Nachbarn werden zum Missionsfeld für die alte Gemeinde. Organisierter Rück- und Zuzug beflügeln Gemeindebau in der gesamten Stadt. Freilich können die alten Formen und Strukturen der Gemeinde nicht so bleiben, wird man das Liebgewordene und Gewohnte nicht völlig in die neue Situation übertragen können. Die neuen Kontexte werden neue Formate diktieren. Pluriformität ist der Weg, formale Vielfalt bei theologischer und sogar struktureller Einheit die Lösung.

Eingeübt werden kann diese neue dynamische Flexibilität gerade in Zeiten der Übergänge. Der Stadtteil wandelt sich ja nicht über Nacht. Es dauert Jahre, bis die einen weg- und die anderen zugezogen sind. Hier liegen die Chancen für den Gemeindeaufbau. Multikulturelle Gemeinden, wie sie oben beschrieben wurden, nutzen diese mit großem Erfolg. Freilich wird die Gemeinde dann auf den einen Gottesdienst für alle verzichten müssen. Bald kann sogar ein Netz von *fresh expressions* die Gottesdienstlandschaft der Gemeinde überziehen. So werden Menschen für den Glauben gewonnen, die man sonst mit sieben Pferden nicht in die Gemeinde bekommen hätte. Aber nun erreicht die Gemeinde auch die vielen Parallelwelten, die diasporale Landschaft des Stadtteils, und bleibt dabei doch eine Gesamtgemeinde.

Die Interkonnektivität in den sozialen Schichten und Diasporas erleichtert dann auch den missionarischen Anfang an dem Ort, an dem die Wegzügler aus der Gemeinde landen. Gemeindegründung wird leichter, weil man bereits die kontextuellen Bedingungen kennt, Formen ausprobiert, eine Sprache gefunden hat und bei alldem massive Unterstützung von der Muttergemeinde bekommt. Letztlich ist der Neuanfang im anderen Stadtteil nichts anderes als die Fortführung des missionarischen Alltags, wie dieser in der Muttergemeinde erlernt wurde. Auch am neuen Ort konzentriert man sich auf die Familie, bildet Cluster und setzt sich gemeinsam für das Wohl des Ortes ein. Auch am neuen Ort schließt man sich dem urbanen Netz an, wobei oft bereits unmittelbare Beziehungen zu den gesamtstädtisch agierenden Netzwerken bestehen, die hier nur entsprechend angezapft werden müssen. Auch im neuen sozialen Raum ist man als Gemeinde ein intermediärer Agent der Transformation. Formen, Sprache, Ausdruck mögen sich ändern – die Strategie bleibt.

Und die Verbindung zur Zentralgemeinde bleibt erhalten. Aus einer lokalen Ortsgemeinde wird nun eine Netzwerkgemeinde mit einer Anzahl von Lokalgemeinden. Die Lokalgemeinden verstehen sich alle als Teilgemeinden der einen Stadtgemeinde. Sie werden von der gemeinsamen strategischen Leitung initiiert und von der jeweiligen operativen Leitung geführt.

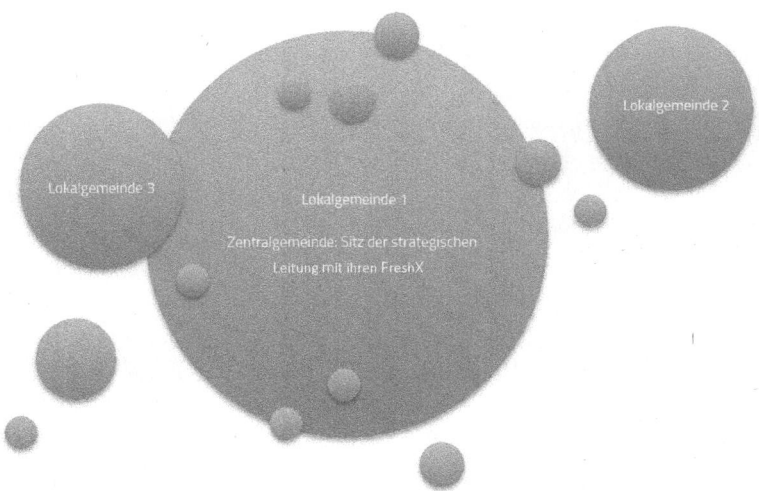

Abb. 6: Urbanes Gemeindenetzwerk (UGN)

8.3. Das urbane Dorfzentrum

Die Dezentralisierung von gemeindlichen in nachbarschaftsbezogene Teil- oder Lokalgemeinden entspricht dem zeitgenössischen Trend im Städtebau. In den Städten entsteht eine neue dörfliche Kultur.[244] Der Städteplaner und Architekt Christoph Kohl definiert das *Urbane Dorf* wie folgt: „Das Leitbild ‚Urbanes Dorf' ist geprägt von dem Gedanken des ‚ländlichen Lebens mit städtischer Infrastruktur' einerseits und dem des ‚urbanen Lebens mit dörflicher Bodenständigkeit' andererseits."[245] In solchen Wohnsiedlungen entsteht mitten in der Stadt ein sozialer Raum, der gelebte Nachbarschaft, enge soziale Beziehungen, gegenseitige Fürsorge, aber auch kurze Wege zur Schule, Arbeit und zu Kulturangeboten ermöglicht, wie das Bochumer Projekt der Claudius-Höfe zeigt.[246] Auf engstem Raum entsteht hier ein anspruchsvoller Lebensraum für 200 Einwohner mit dazugehörigen Arbeits- und Freizeitangeboten. Und mitten in den Claudius-Höfen soll auch so etwas wie ein Nachbarschaftstreff entstehen. Ähnliche Projekte sprießen seit Jahren in vielen Großstädten Europas und auch Deutschlands aus dem Boden. Alte Strukturen werden verdörflicht, neue entstehen. Bürgerinitiativen, Sozialwerke und Städteplanungsbüros sind gleichermaßen daran interessiert, der immer anonymer werdenden Großstadt ein menschliches Gesicht zu geben. Wie ein solcher Prozess der Entstehung eines urbanen Dorfes aussehen kann, zeigt die lokale Agenda im Stadtteil Josefstadt in Wien.[247] Der Konversion des Stadtteils in ein urbanes Dorf geht eine intensive Sozialraumanalyse mit gleichzeitiger Aktivierung der Bevölkerung für eine entsprechende Initiative voraus. Wir haben solche Prozesse als GWA-Prozesse beschrieben und die Gemeinde ermutigt, sich solchen Initiativen anzuschließen. Urbane Dörfer, ob neu entstanden oder konvertiert aus dem alten Wohnraum, setzen immer soziale Akteure

244 Elke Becker: In Dörfern denken. In: *Baumeister. Das Architektur-Magazin* vom 21.10.2015. Digital in: https://www.baumeister.de/urbane-doerfer/ (letzter Zugriff: 14.11.2017).

245 Christoph Kohl: Duisburg-Wedau Süd: Urbanes Dorf. In: http://christoph-kohl.com/wp-content/uploads/2016/05/Duisburg-Wedau_Broschuere-2015.pdf (letzter Zugriff: 15.11.2017).

246 Sabine Vogt: 200 Menschen gründen urbanes Dorf, in WAZ vom 30.08.2012. Digital: https://www.waz.de/staedte/bochum/nord/200-menschen-gruenden-urbanes-dorf-id7041819.html (letzter Zugriff: 15.11.2017).

247 Regina Hajszan: *Die Josefstadt – urbanes Dorf zum guten Leben Bezirks-analyse der Agenda Josefstadt*. Digital: http://www.17und4.at/wp-content/uploads/2016/07/Bezirksanalyse_Endversion.pdf (letzter Zugriff: 15.11.2017).

voraus, die sich für das gute Leben vor Ort entschieden einsetzen. Wer ist hierfür besser geeignet als eine christliche gesellschaftstransformative Gemeinde? Es macht daher Sinn, die Entwicklung des Urbanen Gemeindenetzwerkes (UGN) entlang der Entstehung und Gestaltung von urbanen Dörfern zu konzipieren. So kann die Kirche wieder zum Dorfzentrum werden, und das mitten in der Stadt. Sie wird sich für die soziale Versorgung der unmittelbaren Nachbarn einsetzen und zugleich über ihr Zeugnis die Menschen auf das Evangelium aufmerksam machen. Erst recht, wenn sie sich an die Spitze solcher Initiativen setzt.

8.4. Gemeinsam für die Stadt

Netzwerkgemeinden sind in vielfacher Weise die Lösung für die Engpässe im urbanen Gemeindebau heute. Sie sind flexibel genug, um auf dynamische Wandlungen der Stadt zu reagieren, und zugleich strukturiert und stabil genug, dieses evangelisch und koordiniert zu tun. Die gemeinsame strategische und getrennte operative Leitung in den lokalen Teilgemeinden garantieren flexicuren Gemeindeaufbau auf hohem Niveau.

Ein UGN ist aber auch bestens aufgestellt für Kooperationen mit anderen Akteuren im Netzwerk Stadt. Vor allem Institute, Initiativen und Bewegungen, die den gesamten Stadtbereich abdecken, tun sich oft schwer, mit lokalen, auf einen Stadtteil begrenzten Akteuren zusammenzuarbeiten. Der stadtweite Anspruch des UGN öffnet da neue Perspektiven. Und die konkrete GWA in den Stadtteilen gibt dem Netzwerk Kredibilität und Vertrauen. Anders als im Fall großer Stadtgemeinden, die ihre Mitglieder aus der ganzen Stadt rekrutieren und dann vor allem auf eine Event-Kultur setzen, sind diese Gemeinden als Transformationsagenten willkommene Partner.

In der Regel entwickeln sich die UGN aus einer Gemeinde mit der Vision für die ganze Stadt. Als Variante können auch unterschiedliche Lokalgemeinden, die sogar unterschiedliche christliche Traditionen vertreten, ein gemeinsames Netzwerk bilden. Erfahrungen in skandinavischen Ländern oder auch Frankreich mit solchen Kooperationen in der Stadt sind ermutigend. In Deutschland kommen die wachsenden Plattformen wie Gemeinsam für Hamburg,[248] Berlin,[249] Essen[250] und Nürnberg der Idee am nächsten. Gemeinsam für Nürnberg ist:

> „... ein Netzwerk von Organisationen, Verbänden und Einzelpersonen, die ein gemeinsames Anliegen teilen:
> **Wir engagieren uns** dafür, dass christliche Werte unsere Gesellschaft prägen.
> **Wir möchten,** dass die Menschen die Botschaft von Jesus Christus hören. Wir übernehmen Verantwortung innerhalb unserer Stadt und der Metropolregion.
> **Wir wollen** mit der Schöpfung und unseren Ressourcen verantwortlich umgehen."[251]

Oder wie die Berliner formulieren:

> „Wir wollen den Menschen in unserer Nähe Gutes tun. Denen, die einsam sind. Denen, die keine Perspektive haben. Wir möchten gemeinsam unsere Nachbarschaft verändern. Da, wo Verhältnisse nicht gut sind. Da, wo wir nur zusammen etwas bewegen können. Durch liebevolles Hinschauen und couragiertes Handeln. Und mit erwartungsvollem Gebet.
> Hier eint uns ein Ziel: den Menschen in Berlin zu dienen. Und du weißt ja: Gute Ideen sind ansteckend. Ehe du dich versiehst, hast du deine Gemeinde, deine Gruppe, deine Freunde angesteckt mit einer Idee, wie wir Menschen dienen können.
> Ist es nicht genau das, was unser Auftrag als Christinnen und Christen in dieser Stadt ist? Auf jeden Fall ist es das, was Gemeinsam für Berlin tut und anstößt. Als ökumenisches Netzwerk im Großraum

---

248 http://www.gemeinsam-fuer-hamburg.de (letzter Zugriff: 11.11.2017).
249 http://www.gfberlin.de (letzter Zugriff: 11.11.2017).
250 https://www.gemeinsam-fuer-essen.de (letzter Zugriff: 11.11.2017).
251 http://www.gfnuernberg.de (letzter Zugriff: 11.11.2017).

Berlin, das Einzelne, Initiativen, Gemeinden und Kirchen zum Dienst an den Menschen unserer Stadt verbindet und ermutigt.
Bringen wir gemeinsam etwas ins Rollen. Damit sich Herzen und Verhältnisse verändern."[252]

Netzwerke werden gesehen und gehört. Gemeinsam erreicht man in der Stadt mehr. Wer die Stadt liebt und sich für sie einsetzt, wird sehen, wie ihre Straßen und Plätze verändert werden und Menschen, die noch gestern kaputt und verzweifelt in den Tag blickten, wieder lachen können. So finden sie zu sich selbst, zum Nächsten und letztlich zu Gott.

8.5. Permanente Evangelisation auf der ewigen Baustelle des UGN

Urbane Gemeindenetzwerke sind auf Wachstum und Fortpflanzung angelegt. Sie wachsen mit der Stadt, weil sie die Herausforderungen der Stadt zu ihrem eigenen Anliegen machen. In der Tat ist die Transformation des Lebensraums Stadt ihr missionarisches Ziel. Dabei werden immer wieder neue Nachbarschaften mit dem Evangelium erreicht. Das Evangelium kommt über alle urbanen Barrieren hinweg und öffnet den Menschen den unmittelbaren Zugang zu Gott. Ihre flexicure Natur und die dezentralisierte Struktur ermöglichen ein Höchstmaß an Bewegung zu den Menschen. So mündet Gemeindeaufbau in permanente Evangelisation, durch die Gemeinde wächst. Täglich können nun Menschen hinzugetan werden. So geschah es in Jerusalem im ersten Jahrhundert – und warum nicht auch heute in Berlin, Hamburg, München oder Moers?!

Freilich ist das alles nur möglich, weil sich die Gemeindearbeit im UGN als fortwährende Baustelle versteht. Und Baustellen unterscheiden sich von sauber eingerichteten Räumen durch Vorläufigkeit, Unfertigkeit und, ja, auch Bauschutt. Auf Baustellen riecht es immer nach

---

252 http://www.gfberlin.de/wer-wir-sind (letzter Zugriff: 11.11.2017).

Arbeit, gibt es immer Herausforderungen, wird immer nach Lösungen gesucht – und man macht auch immer wieder Fehler, die es zu korrigieren gilt. Doch wenn die Stadt Menschen etwas verzeiht, dann genau das – im urbanen Raum ist man nie fertig, sondern leidenschaftlich unterwegs. Das sollten die urbanen Gemeinden auch sein und sich hierbei den großen Apostel Paulus zum Vorbild nehmen, der von sich selbst sagen konnte:

> „Meine Brüder und Schwestern, ich schätze mich selbst nicht so ein, dass ich's ergriffen habe. Eins aber sage ich: Ich vergesse, was dahinten ist, und strecke mich aus nach dem, was da vorne ist, und jage nach dem vorgestreckten Ziel, dem Siegespreis der himmlischen Berufung Gottes in Christus Jesus. Wie viele nun von uns vollkommen sind, die lasst uns so gesinnt sein" (Phil. 3,13-15).

„Die warten nur darauf, dass wir endlich aufwachen."
Lasse erkennt das Potenzial

Lasse hatte sich der Arbeitsgruppe „Transformativer Gemeindebau" seiner Gemeinde nur nach langem Überreden angeschlossen. Er glaubte nicht mehr an Veränderungen in seinem geliebten und zugleich gehassten Berlin. Was sollte diese neue Initiative schon bringen? Lustlos lief er mit seiner Gruppe mit. Oft hörte er bei den Interviews gar nicht mehr hin. Doch mit einem Schlag änderte sich alles. Sein Team war gerade dabei, Menschen im neugebauten Viertel unweit des Gemeindezentrums zu befragen. Freilich, Gemeindezentrum konnte man die Gemeinderäume im stillgelegten Schlachthof nicht wirklich nennen. Aber die Miete war günstig, und was brauchen Freikirchen mehr als eine einigermaßen passable Halle?

„Sie sind hier in einem urbanen Dorf", sagte der nette Herr, den die Gemeindeleute befragten. „Die vier Hochhäuser bilden das vertikale Dorf. 5000 Menschen leben hier. Sie sind im Karree aneinandergebaut, sodass sich mittendrin dieser wunderschöne Hof ergibt. In diesem Hof gibt es, wie ihr sehen könnt, mehrere Sport- und Freizeitangebote und unseren ganzen Stolz – das Clubhaus."

Der nette Mann führte die Gruppe in das besagte Clubhaus. Hier gab es mehrere voll eingerichtete Räume für Kinder, Teenies und Jugendliche.

„Räume für Frauentreffs, Männer-Stammtische und so weiter kommen dazu. Und mitten im Gebäude ist dieser Veranstaltungssaal für 400 Personen. Hier können Konzerte oder auch Gottesdienste, wenn Sie wollen, für die Einwohner angeboten werden."

Spätestens jetzt wurde auch Lasse wach. Das sah hier alles nach einem ausgebauten Gemeindehaus aus. Er fing an, Fragen zu stellen. Und irgendwann stockte sein Atem, als der Mann unumwunden zugab:

„Wir haben diese tolle Infrastruktur hier, aber uns fehlt schlicht und einfach ein Verein, der hier soziale Arbeit durchführt. Die Bewohner selbst tun nur wenig."

Zurück im Gemeindezentrum, konnte man Lasse nicht mehr ruhig bekommen.

„Wir hausen hier in einem Schlachthof. Nur mit allergrößter Mühe schaffen wir es, ein paar Menschen in unsere Gottesdienste zu locken, und in unmittelbarer Nähe liegen Räume und Chancen, von denen wir bis jetzt nicht einmal eine blasse Ahnung hatten. Nein, so kann es nicht mehr weitergehen."

Was niemand in der Gemeinde vermutet hätte, Lasse, der ewige Skeptiker und Nörgler, brannte auf einmal für gesellschaftstransformativen Gemeindebau. Und täglich fielen ihm neue Chancen in seiner Stadt auf.

„Die Stadt wartet ja regelrecht darauf, dass wir aufwachen", sagte er zu mir eines Tages. Und recht hatte er. Die Stadt wartet auf uns Christen.

Fragen zur Weiterarbeit:

1. Kennst Du Urbane Dörfer? Gibt es sie in Deiner Stadt?
2. Gehört Eure Gemeinde zu einem Netzwerk in der Stadt? Welches ist es? Wie effektiv ist diese Mitgliedschaft?
3. Wo gibt es in der Stadt innovative Ideen, die den Lebensraum zu verbessern suchen? Seid Ihr als Gemeinde dabei? Was könntet Ihr beitragen?

Verzeichnis der Abbildungen

Personenregister

Sachregister

Bibelstellen-Register

Bibliographie

ALI-ALI, N. Koser, K. 2002. New Approaches to Migration? Transnational Communities and the Transformation of Home. New York, NY: Routledge.

ALLEN, R. 1962. Missionary Methods: St. Pauls or Our´s? Grand Rapids, MI: Eerdmans.

APPLEBY, J.N. 1986. Missions Have Come Home to America: The Church´s Crosscultural Ministry to Ethnics. Kansas City: Beacon Hill.

------. 1990. *The church is in a stew.* Kansas City MO: Beacon Hill Press.

BAKKE, R. J. 1987. *The Urban Christian.* Downers Grove: IVP.

------. 1997. *Theology as Big as the City.* Downers Grove: IVP.

BARRON, R. 1998. *And Now I see ... A Theology of Transformation.* New York: Crossroad Publishing Company.

BARTH, K. 1962. *Church Dogmatics IV/3.* Edinburgh: T.&T. Clark.

BAUMANN, M. 1999. Art. Diaspora, in: *RGG,* 4. Auflage. Tübingen: Mohr-Siebeck.

BECKER, E. In Dörfern denken. In: *Baumeister. Das Architektur-Magazin* vom 21.10.2015. Digital in: https://www.baumeister.de/urbane-doerfer/ (letzter Zugriff: 14.11.2017).

BLAKELY, E.J.; Snyder, M.G. 1999. *Fortress America. Gated Communities in the United States,* 2. Auflage. Washington: Brooking Institution Press.

BECKER, J. 1989. *Paulus. Der Apostel der Völker.* Tübingen: Mohr-Siebeck.

BONHOEFFER, D. 1971. *Letters and Papers from Prison.* The enlarged edition. London: SCM Press.

------. 1961. *Gesammelte Schriften.* Band 4. München: Kaiser-Verlag.

BOSCH, D. J. 2011. *Transforming Mission. Paradigm Shifts in Theology of Mission.* Maryknoll, NY: Orbis.

------. 2012. *Mission im Wandel. Paradigmenwechsel in der Missionstheologie.* Gießen: Brunnen-Verlag.

BOYD, M. 1989. Family and personal networks in international migration: Recent developments and new agendas. In: *International Migration Review* 23/3, 641.

BRUCE, F.F. 1976. *Zeitgeschichte des Neuen Testaments.* Bd. 1. Wuppertal: Brockhaus.

CHANDLER, T. 1987. *Four Thousand Years of Urban Growth. An Historical Census.* Lewingston, NY: Edwin Mellen.

COHEN, R. 1997. *Global Diasporas: An Introduction.* Seattle, WA: University of Washington Press.

CONN, H. 1987. *A clarified Vision for Urban Mission.* Grand Rapids: Ministry Ressource Library.

COX, H. 1966. *The Secular City: Secularization and Urbanization in Theological Perspective.* London: SCM Press.

DE BEER, S. 1998. *Understanding Urban Systems and Powers.* Pretoria: Institute for Urban Mission.

DITTRICH, M. *Wenn die Kirche zur Moschee wird.* In: http://www.deutschland-funk.de/sakrale-gebaeude-in-deutschland-wenn-die-kirche-zur-moschee.2540.de.html?dram:article_id=387731 (letzter Zugriff: 6.11.2017).

DUBOSE, F. 1978. *How Churches Grow in an Urban World.* Nashville: Broadman.

DUDLEY, C.S. 1991. *Basic Steps Towards Community Ministries*

ERDLENBRUCH, E. W. (1996). *Neue Gemeinden in unserem Land.* Witten: Bundes-Verlag GmbH.

EDER, Michael. 2008. *Flexicurity – Verbindung von Flexibilität und sozialer Sicherheit am Arbeitsmarkt. Befunde aus der Praxis.* Düsseldorf: Trauner Verlag.

EICKHOFF, K. 2005. Wohin predigen führt: Die Sendungsorientierte Gemeinde als Ziel biblischer Verkündigung. Pretoria: University of South Africa. http://uir.unisa.ac.za/handle/10500/1446 (letzter Zugriff: 1.09.2017).

ELLIOTT, B. J. 2004. *Street Saints. Renewing American Cities.* Radnor: Tempelton.

FAIX, T. und Reimer, J. (Hrsg.) 2012. *Die Welt verstehen. Kontextanalyse als Sehhilfe für die Gemeinde.* Transformationsstudien Bd. 3. Marburg: Francke Verlag.

FERNANDEZ DE LA HOZ, P. 2004. Familienleben, Transnationalität und Diaspora. Wien: Österreichisches Institut für Familienforschung.

FERNANDEZ DE LA HOZ, P.; Pflegerl, J. (Hrsg). 1999. Familie als Schlüssel zur Integration. In: Bundesministerium für Umwelt, Jugend und Familie: *Zur Situation von Familie und Familienpolitik in Österreich* – 4. Österreichischer Familienbericht: Familie zwischen Anspruch und Alltag. Wien: Bundesministerium für Umwelt, Jugend und Familie, 364ff.

FLEISCHMANN-BISTEN, W. 1999. Art. Jüdische Diaspora, in: *RGG*, 4. Auflage. Tübingen: Mohr Siebeck, 827f.

FOSTER, T. 2014. *The Suburban Captivity of the Church: Contextualizing the Gospel for Post-Christian Australia.* Melbourne: Acorn Press Limited.

FOWID, Forschungsgruppe Weltanschauungen in Deutschland 2014. *Entwicklung der Religionszugehörigkeiten nach Bundesländern, 1950-2011,* digital: https://fowid. de/meldung/entwicklung-religionszugehoerigkeiten-nach-bundeslaendern-1950-2011 (letzter Zugriff: 10.09.2017)

GLICK, N., u.a. 1995. From Immigrant to Transmigrant: Theorizing Transnational Migration. In: *Anthropological Quarterly,* Vol. 68/ No 1/1995, 48-63.

GÖTZ, M.; Schäfer, C.D. 2008. *Mediation im Gemeinwesen: Nachbarschaftsmediation – Stadtteilmediation – Gemeinwesenmediation.* Baltmannsweiler: Schneider Hohengehren.

GOURDET, S. 1996. Identification in intercultural communication. In: *Missionalia* 24:3, 399-409.

GREEN, M. 1970. *Evangelisation zur Zeit der ersten Christen. Motivation, Methodik und Strategie.* Stuttgart: Hänssler.

HAACKER, K. 2002. *Der Brief des Paulus an die Römer.* Leipzig: EVA.

HAJSZAN, R. *Die Josefstadt – urbanes Dorf zum guten Leben Bezirksanalyse der Agenda Josefstadt.* Digital: http://www.17und4.at/wp-content/uploads/2016/07/Bezirksanalyse_Endversion.pdf (letzter Zugriff: 15.11.2017).

HARTLEY, John E. 1992. *Leviticus.* WBC. Bd. 4. Dallas: Word Books.

HELLER, C. Was bewegt die Jugend? Glaube ja – Kirche nein. In: http://www. augsburger-allgemeine.de/schwabmuenchen/Was-bewegt-die-Jugend-Glaube-ja-Kirche-nein-id32498652.htmlhttp://www.augsburger-allgemeine.de/schwabmuenchen/Was-bewegt-die-Jugend-Glaube-ja-Kirche-nein-id32498652.html (letzter Zugriff: 10.10.2017)

HERBST, M. (Hrsg.). 2007. *Mission bringt Gemeinde in Form. Gemeindepflanzungen und neue Ausdrucksformen gemeindlichen Lebens in einem sich wandelnden Kontext.* Neukirchen-Vluyn: Aussaat Verlag.

HERBSTREIT, D. Glaube ja, aber nicht an Gott. In *Zeit Online* vom 17.10.2014, http://www.zeit.de/community/2014-10/religion-ohne-gott-moderne-atheismus (letzter Zugriff: 16.10.2017).

HERTIG, P. 1998. *Matthew's Narrative Use of Galilee in the Multicultural and Missiological Journeys of Jesus* (Mellen Biblical Press Series). Lewiston, NY: Edwin Mellen.

HESSELGRAVE, D. J. 1980. *Planting Churches Cross-Culturally. A Guide for Home and Foreign Missions.* Michigan: Baker Book House.

HOEPFNER, W. „Antiochia die Große". Geschichte einer antiken Stadt. In: *Antike Welt*. 35/2004/2, 3-9.

HOLLAND, J,. und Henriot, P. 2000. *Social Analysis. Linking Faith and Justice*. Maryknoll: Orbis.

HOLT, S.C. 2008. *God Next Door: Spirituality and Mission in the Neighbourhood*. Melbourne: Acorn Press.

HOLUBEC, B. *Gemeinwesenarbeit als Arbeitsprinzip. Zwischen Problemlösungs- und Veränderungsstrategie*. In: http://www.stadtteilarbeit.de/themen/theorie-stadtteilarbeit/lp-stadtteilarbeit.html?id=84-gwa-arbeitsprinzip-lp (letzter Zugriff: 1.1.2017).

HOPKINS, B. 1996. *Gemeinde pflanzen. Church Planting als missionarisches Konzept*. Neukirchen-Vluyn: Aussaat Verlag.

HOPKINS, B.; White, R. 1999. *Praxisbuch Gemeinde pflanzen. Auf dem Weg zu einem missions- und menschenorientierten Gemeindebau*. Neukirchen-Vluyn: Aussaat Verlag.

HOUSE, Paul R. 1998. *Old Testament Theology*. Downers Grove: IVP.

HUBER, W. 1998. *Kirche in der Zeitenwende, Gesellschaftlicher Wandel und Erneuerung der Kirche*. Gütersloh: Verlag Bertelsmann-Stiftung.

HUNTER, G. G. III. 1992. *How to reach secular people*. Nashville: Abingdon Press.

HYBELS, B. 1996. *Ins Kino gegangen und Gott getroffen. Die Geschichte von Willow Creek*. Wiesbaden: Projektion J.

------. 2016. *Mutig führen: Navigationshilfe für Leiter*. Asslar: Gerth.

JACKSON, D.; Passareli, A. *Mapping Migration, Mapping Churches´ Reponses*. Geneva: Churches Commission for Migrations in Europe, WCC. Digital in: http://www.ccme.be/fileadmin/filer/ccme/70_DOWNLOADS/20_Publications/2016-01-08-Mapping_Migration_2015_Online__lo-res___2_.pdf (letzter Zugriff: 17.05.2016)

JERVELL, J. 1998. *Die Apostelgeschichte*. Kritisch-exegetischer Kommentar über das Neue Testament. 3. Band. Göttingen: Vandenhoeck & Ruprecht.

KIM, H.; Ma, W. 2011. *Korean Diaspora and Christian Mission*. Oxford: Regnum Books.

KLAIBER, W. 2012. *Der Römerbrief*. Neukirchen-Vluyn: Neukirchener Verlag.

KLASSEN, J.N. 2007. *Russlanddeutsche Freikirchen in der Bundesrepublik Deutschland: Grundlinien ihrer Geschichte, ihrer Entwicklung und Theologie*. Bonn: Verlag für Kultur und Wissenschaft.

Kohl, C. Duisburg-Wedau Süd: Urbanes Dorf. In: http://christophkohl.com/wp-content/uploads/2016/05/Duisburg-Wedau_Broschuere-2015.pdf (letzter Zugriff: 15.11.2017)

KRÄMER-BADONI, T. Urbanität und gesellschaftliche Integration. In: *DfK Deutsche Zeitschrift für Kommunalwissenschaften*, 40. Jg., 2001/ I. Berlin. 12-26.

KRITZINGER, JNJ. 2001. Who do they say I am? In: *An African Person in the making*. Festschrift für Prof. William Saayman. Pretoria: UNISA Press.

LINGENSCHEID, R.; Wegner, G. (Hrsg.) 1990. *Aktivierende Gemeindearbeit*. Stuttgart u.a.: Kohlhammer.

LINTICHUM, R.C. 1991. *City of God, City of Satan*. Grand Rapids: Zondervan.

LOEWEN, J. 1977. *Culture and Human Values: Christian Interpretation in Anthropological Perspective*. Pasadena, CA: WCL.

MAASER, W.; Schäfer, G.K. 2016. *Geschichte der Diakonie in Quellen. Vom Anfang des 19. Jahrhunderts bis zur Gegenwart*. Neukirchen-Vluyn: Neukirchner Verlag.

MAIER, E. G. O.J. *Handbuch für Gemeindegründung*. Lichtenstein-Unterhausen: Biblischer Missionsdienst e.V.

MAIER, Gerhard. 1994. *Das dritte Buch Moses*. Wuppertal: R. Brockhaus

MASSEY, D.; ALLEN, J.; PILE, S. (Ed.) 1999. *City Worlds*. Oxford: The Open University.

MAYERS, M. 1981. *Christianity Confronts Culture. A Strategy for Cross-Cultural Evangelism*. Grand Rapids: Zondervan.

MCCONNELL, S. 2009. *Multi-Site Churches: Guidance for the Movement's Next*. Nashville, TN: B&H Books.

MCGAVRAN, D. 1980. *Understanding Church Growth*. Grand Rapids: Eerdmans.

------. 1990. *Gemeindewachstum verstehen. Eine grundlegende Einführung in die Theologie des Gemeindeaufbaus*. Lörrach: Simson Verlag.

MCLAREN, B. 2000. *The Church on the Other Side. Doing Ministry in the Postmodern Matrix*. Grand Rapids: Zondervan.

MEENZEN, H. Die große Sehnsucht nach der Stadt: Ist die Landflucht eine Gefahr für die Gesellschaft? In: *Zeit*, 8.09.1961.

METZ, J.B. 1989. Unity and Diversity: Problems and Prospects for Inculturation. In: *Concilium*, Nr. 204/1989, 83.

MITTELBERG, M. 2001. *So wird ihre Gemeinde ansteckend. Evangelisation und Mission neu entdecken*. Asslar: Projektion J.

MÖLLER, C. 1987. *Lehre vom Gemeindeaufbau*. Bd. 1. Göttingen: Vandenhoeck & Ruprecht.

--------. 1990. *Lehre vom Gemeindeaufbau.* Bd. 2. Göttingen: Vandenhoeck & Ruprecht.

MORISY, A. 1996. *Beyond the Good Samaritan.* London: Continuum.

------. 2014. *Journeying Out.* London: Continuum.

MÜLLER, T. 2017. *Die Nachbarn der Gemeinde kennenlernen. Wie Gemeinde ihre Umgebung erkundet.* Trafo Tool Bd. 3. Marburg: Francke Verlag.

------. 2017. *Gemeinde mit Verantwortung. Wie die Gemeinde für ihr Umfeld relevant wird.* Trafo Tool Bd. 4. Marburg: Francke Verlag.

MÜLLER, T.; Reimer, J.; Schönberg, K. 2017. *Auf Sicht bauen. Wie Gemeinde eine transformatorische Vision entwickelt.* Trafo Tool Bd. 5. Marburg: Francke Verlag.

MURRAY, S. 2001. *Church Planting. Laying foundations.* Scottdale: Herald Press.

------. 2010. *Planting Churches in the 21st century. A Guide for those who want fresh perspectives and new ideas for creating congregations.* Scottsdale: Herald Press.

NOTH, M. 1962. *Das dritte Buch Mose. Leviticus.* NTD 6. Göttingen: Vandenhoeck & Ruprecht.

ORLANDO, C. 1982. *Christ Outside the Gate.* Grand Rapids: Eerdmans.

OSTER, S.; Seewald, P. 2016. *Gott ohne Volk?: Die Kirche und die Krise des Glaubens.* München: Droemer.

OSWALD, F.; BACCINI, P. 2003. *Netzstadt. Einführung in das Stadtentwerfen.* Basel/Boston/Berlin: Birkhäuser.

OTT, C. 2011. Diaspora and Relocation as Divine Impetus for Witness in the Early Church. In: WAN, Enoch. Ed. 2011. *Diaspora Missiology: Theory, Methodology and Practice.* Portland, OR: Institute of Diaspora Studies.

OTT, C., & WILSON, G. 2011. *Global Church Planting. Biblical Principles and Best Practices for Multiplication.* Michigan: Baker Academic.

PIERCE, G.F.A. 1984. *Activism Makes Sense. Congregations and Community Organizations. Chicago: ACTA.*

PRILL, T. 2008. Mission as the Exit Ramps at the Refugee Highway in an age of Globalization: Integration Refugees and Asylum Seekers into the Christian Community in the United Kingdom. Unveröffentlichte DTh-Dissertation. Pretoria: UNISA.

PÜTTMANN, A. 2010. *Gesellschaft ohne Gott. Risiken und Nebenentwicklungen der Entchristlichung Deutschlands.* Asslar: Gerth Medien.

REIMER, J. 2005. *Leiten durch Verkündigung: eine unentdeckte Dimension.* Gießen: Brunnen-Verlag.

------. 2013. *Die Welt umarmen. Theologie des gesellschaftsrelevanten Gemeindebaus.* Transformationsstudien, Bd. 1. 2. Auflage. Marburg: Francke Verlag.

------. 2011. *Gott in der Welt feiern: Auf dem Weg zum missionalen Gottesdienst.* Schwarzenfeld: Neufeld Verlag.

------. 2011. *Multikultureller Gemeindebau.* Marburg: Francke Verlag.

------. 2013. *Aufbruch in die Zukunft. Geistesgaben in der Praxis des Gemeindelebens.* 3. Auflage. Hammerbrücke: Conception Seidel.

------. 2013. *Hereinspaziert: Willkommenskultur und Evangelisation.* Schwarzenfeld: Neufeld Verlag.

------. 2016. Der politische Auftrag der Kirche. Christsein und Politik – was zählt? In: Tobias Faix u. a. (Hrsg.). *Schrei nach Gerechtigkeit.* Marburg: Francke Verlag, 58-69.

------. 2017. *Missio Politica. Christian Mission and Politics.* Carlisle: Langham.

REIMER, J; Müller, T. 2015. *Gemeinde von Nebenan. Wie Gemeinde ihren lokalen Auftrag findet.* MBS-Trafo Tools. Bd. 1. Marburg: Francke Verlag.

------. 2016. *Die eigene Gemeinde verstehen. Wie Gemeinde ihr Potenzial entdeckt.* Marburg: Francke Verlag.

REIMER, J.; FAIX, W. 2017. *Familie – Zukunft der Kirche. Zur Korrelation von Familie und Mission.* Marburg: Francke Verlag.

REINHARDT W. 1995. *Das Wachstum des Gottesvolkes. Biblische Theologie des Gemeindewachstums Untersuchungen zum Gemeindewachstum im lukanischen Doppelwerk.* Göttingen: Vandenhoeck & Ruprecht.

REMIGIO, A. Jr. 2016. Globalization, Diasporas, Urbanization and Pluralism in the 21st Century: A Compelling Narrative for the Missio Dei? In: *Scattered and Gathered. A Global Compendium on Diaspora Missiology,* ed. By Sadri Joy Tira u.a. Oxford: Regnum.

RUBESH, T. 2011. Diaspora Distinctives: The Jewish Diaspora Experience in the Old Testament. In: WAN, Enoch. Ed. 2011. Diaspora Missiology: Theory, Methodology and Practice. Portland, OR: Institut of Diaspora Studies, 53-86.

SAFRAN, W. Diasporas in Modern Societies: Myth of Homeland and Return. In: *Diaspora: A Journal of Transnational Studies,* Volume 1, Number 1, Spring 1991, 83-84.

SANTOS, N.F. 2011. Exploring the Major Dispersation Terms and Realities in the Bible. In: WAN, Enoch. Ed. 2011. *Diaspora Missiology: Theory, Methodology and Practice.* Portland, OR: Institute of Diaspora Studies.

SAUNDERS, D. 2013. *Die neue Völkerwanderung: Arrival City.* München: Pantheon.

SCHÄFERS, B. (Hrsg.). 1995. *Grundbegriffe der Soziologie*. 4. Aufl. Augsburg: Leske Verlag.

SCHALLER, L. 1972. *Kirche und Gemeinwesenarbeit: Zwischen Konflikt und Versöhnung*. Gelnhausen u.a.: Burkardthaus-Verlag.

SCHARRER, M. und Hilberath, J. 2002. *Kommunikative Theologie*. Mainz: Claudius.

SCHNABEL, E.J: 2008. *Paul the Missionary: Realities, Strategies and Methods*. Downers Grove: IVP.

------. 2011. Global Strategies and Local Methods of Missionary Work in the Early Church: Jesus, Peter and Paul. In: *The Church Going Global. Mission and Globalization*, hrsg. von Rormod Engelsviken u.a. Oxford: Regnum, 36-44.

SCHULTEN, S. 2011. Gesellschaftstransformativer Gemeindebau am Beispiel der Evangelischen Freien Gemeinde Brüchermühle und deren Sozialprojekt für Hartkernarbeitslose in der Christlichen Beschäftigungsgesellschaft Brüchermühle (CBB). Unveröffentlichte MTh-Dissertation. Pretoria, SA: UNISA. Digital zugänglich in: http://uir.unisa.ac.za/bitstream/handle/10500/8630/dissertation_schulten_m.pdf (letzter Zugriff: 1.07.2016).

SCHWARZ, C. 1996. *Natürliche Gemeindeentwicklung*. Mainz-Kastell: C&P.

SCHNABEL, E.J; Schwarz, F. 1984. *Theologie des Gemeindeaufbaus. Ein Versuch*. Neukirchen-Vluyn: Aussaat.

SCHÖNBERG, K. 2012. Die interkulturelle Gemeinde. Gemeindebau und Evangelisation in der zunehmend multikulturellen Bevölkerung deutscher Ballungsräume. Unpublished MTh-Dissertation. Pretoria: Unisa.

SCHWEIZER, Eduard. 1959. *Gemeinde und Gemeindeordnung im Neuen Testament*. Zürich: Zwingli Verlag.

SHENK, D. W. 1973. *Church Growth*. Grand Rapids, MI: Eerdmans.

------. 2008. The Gospel of Reconciliation Within the Wrath of the Nations. In: *International Bulletin of Missionary Research*, Vol. 32, No. 1/2008, 3-9.

SHORTER, A. 1994. *Evangelization and Culture*. London: Chapman.

SIEVERTS, T. 2008[3]. *Zwischenstadt: Zwischen Ort und Welt, Raum und Zeit, Stadt und Land*. Basel: Birkhäuser Verlag.

SOMMERFELD, Harald. 2016. *Mit Gott in der Stadt. Die Schönheit der urbanen Transformation*. Transformationsstudien. Bd. 8. Marburg: Francke Verlag.

SPIEGEL, P. 2011. *Eine bessere Welt unternehmen: Wirtschaften im Dienst der Menschen*. Freiburg: Herder.

STÖVESAND, S.; Stoik, C. 2013. Gemeinwesenarbei: als Konzept Sozialer Arbeit – eine Einleitung. In: Sabine Stövesand; Christoph Stoik; Ueli Troxler (Hg.): *Handbuch Gemeinwesenarbeit. Traditionen und Positionen, Konzepte und Methoden. Deutschland – Schweiz – Österreich. Theorie, Forschung und Praxis der Sozialen Arbeit*, Band 4. Opladen u.a.: Verlag Barbara Budrich.

SUNDERMEIER, T. 1986. Konvivenz als Grundstruktur ökumenischer Existenz heute. In: Ökumenische Existenz Heute *1*, 49-100.

TEPLITZKAIA, N. 2015. *Cerkov sluzhit ludiam. Istoria cerkvi svet miru goroda Kishineva*. Kishivev: Cerkov Svet Miru, 2015.

VOGT, S. 200 Menschen gründen urbanes Dorf, in WAZ vom 30.08.2012. Digital: https://www.waz.de/staedte/bochum/nord/200-menschen-gruenden-urbanes-dorf-id7041819.html (letzter Zugriff: 15.11.2017)

WAN, E. 2004. „The Phenomenon of Diaspora: Missiological implications for Christian Missions". In *Scattered: The Filipino Global Presence*. Manila, LifeChange Publishing Inc.

------. 2011. Diaspora Missiology: Theory, Methodology and Practice. Portland, OR: Institut of Diaspora Studies.

WARREN, R. 1998. Kirche mit Vision: Gemeinde, die den Auftrag Gottes lebt. Asslar: Gerth Medien

WEHRHEIM, J. 2002. *Die überwachte Stadt – Sicherheit, Segregation und Ausgrenzung*. Opladen: Leske + Budrich Verlag

WENHAM, G.J. 1979. *The Book of Leviticus*. TNICOT. Grand Rapids, MI: Eerdmans.

WERNER, E. Migration und Flucht – Diaspora als Lebensmitte. Einleitende missiologische Überlegungen. In: *em* 32/2016/2, 94f.

WINK, W. 1984. *Naming the Powers. The Language of Power in the New Testament*. Philadelphia: Fortress.

WIGRAM, C. 2015. The Essentiell Foundation: The Bible and Church Planting. In E. Van de Poll, & J. Appleton, *Church Planting in Europe. Connecting to Society, Learning from Experience*. Eugene: Wipf & Stock, 13-27.

WILLOUGHBY, R. 1995. The Concept of Jubilee and Luke 4,18-30. In: *Mission and Meaning. Essays presented to Peter Cotterell,* Antony Billington u.a. (Hrsg.) Carlisle: Paternoster, 41-55.

WOLF, T.A. Oikos Evangelism: The Biblical Pattern. In: http://gracefamilyinfo.org/attachments/OikosEvangelism.pdf (letzter Zugriff: 20.10.2017).

WRIGHT, C.J.H, 2000. Old Testament Theology of Mission. In: *Evangelical Dictionary of World Mission*. Grand Rapids: Baker, 706-709.

------. 2006. *The Mission of God. Unlocking the Bible's Grand Narrative*. Downers Grove: IVP.

YODER, J. H. 1981. *Die Politik Jesu – der Weg des Kreuzes*. Maxdorf: Agape.

------. 2000. *Nachfolge Christi als Gestalt politischer Verantwortung*. 2., veränd. Aufl. der Originalausgabe von 1964. Basel: Agape.

ZUNKEL, C. W. 1987. *Church Growth under Fire*. Kitchener, PA: Herald Press.

Verwendete Bibelübersetzung:

Die Bibel nach Martin Luthers Übersetzung, revidiert 2017
© 2016 Deutsche Bibelgesellschaft, Stuttgart.

„Die Wahrheit wird euch frei machen!" Jesus

David Brunner
**Zehn Dinge, die du besser
nicht glauben solltest**
Paperback, 144 Seiten
ISBN 978-3-86506-936-8

Mit kreativen Argumenten und biblisch
begründet widerlegt David Brunner
einengende Überzeugungen und
ermutigt zu einer offenen und ehrlichen
Gottesbeziehung.

Verlag | Alles, was Sinn macht!

Jesus und sein Lieblingsthema

Frank Bonkowski
Selig sind die Trottel!
Wie das Reich Gottes
funktioniert –
Moderne Gleichnisse
Paperback, 144 Seiten
ISBN 978-3-86506-387-8

Frank Bonkowski erzählt alte
Geschichten aus einer frischen,
ungewohnten Perspektive.
Innovativ, spannend, herausfordernd!

Verlag | Alles, was Sinn macht!